Lawrence Durrell
In der Provence

Aus dem Englischen
von Anne Steeb-Müller

Schöffling & Co.

Die Texte dieser Auswahlausgabe sind
Lawrence Durrells letztem Buch
Caesar's Vast Ghost. Aspects of Provenve.
London: Faber and Faber 1990 entnommen.
© 1990 Lawrence Durrell

Deutsche Erstausgabe

Erste Auflage 1998
© der deutschen Ausgabe:
Schöffling & Co. Verlagsbuchhandlung GmbH,
Frankfurt am Main 1998
Alle Rechte vorbehalten
Satz: Reinhard Amann, Aichstetten
Druck & Bindung: Pustet, Regensburg
ISBN 3-89561-564-1

Inhalt

Einführung
Seite 7

Hinter Valence
Seite 16

Taufe
Seite 25

Stierkult
Seite 51

Caesars unermeßlicher Geist
Seite 68

Amme und Liebchen der Wegscheide
Seite 80

Frauen in der Provence
Seite 106

Einführung

Meine Version der Provence ist notgedrungen parteiisch und persönlich, denn ich bin wie alle anderen vor langer Zeit hierhergekommen, um in Liebe zu entbrennen und zu erkalten. Ich habe die alte Provence auf gewundenen Straßen betreten, den einzigen Straßen, den alten *Routes Nationales*, durch die endlosen Korridore kühler belaubter Platanen an der Wende zum Erntemond... Das Gedächtnis hat diese Eindrücke in ihrer Wärme und Leuchtkraft erstaunlich frisch gehalten.

Die langen, staubigen Straßen zwischen den Olivenhainen entlang kurvend kam ich durch bebende Galerien aus grünem Blattwerk, stürzte von Halbschatten zu Halbschatten, nahm den eisigen Kontrast zwischen Sonnenglut und Finsternis unter den rauschenden Platanen wahr, tauchte wie eine Bachforelle an Stromschnellen von einem schattigen Becken ins nächste, empfand die Schatten als regelrecht frostig im Vergleich zum Sonnenschein draußen und zum gleißend blauen Himmel. So traf ich schließlich auf Valence, wo sich die Akzente zu verschieben beginnen: Die Küche geht von Sahne zu Olivenöl und Gewürzen über, die der einfacheren Verpflegung des Südens entsprechen, und man sieht die ersten Oliven und

Maulbeeren, den tragischen Farbtupfer blühender Judasbäume, den leuchtend violetten Pinselstrich des einzigartigen Judasbaums. Hier ertönt wie der Ausklang am Ende eines Musikstücks das stete orchestrale Gesäusel der Zikaden: so eigentümlich sibyllinische Musik und eine so außerordentliche Biographie, so eine knapp bemessene Lebensspanne, so lange tief drunten im dunklen Erdreich, bevor sie aufsteigen ans Licht! Anisette (Pastis) offenbarte sich allenthalben als die ideale Begleitung der abendlichen Meditationen der Boulespieler; keinem Dorfplatz im Sommer fehlte das Klicken der kleinen Stahlkugeln, keinem schattigen Dorf seine *boulistes*, die sich zwischen den Würfen in sokratisch ernstes Schweigen hüllen. Das weihevolle Schweigen des Boulespielers ist bedeutungsvoll, seine Zuckungen und Verrenkungen, wenn etwas schiefgeht, sind frühes Kino in Reinform; die Unsterblichkeit Pagnols gründet sich auf das sorgsame Studium der körperhaften Vorbilder, die ihm beim Besuch von Turnieren in Stadt und Land im Lauf eines langen Lebens begegneten.

Als ich zum ersten Mal provenzalischen Boden betrat, konnte man noch ganz billig ein *mazet* erwerben – ein Glück für uns, denn wir waren pleite, wie es bei Schriftstellern üblich ist. Unter *mazet* ist gewöhnlich die Dependance eines *mas* zu verstehen (der Begriff selbst ist die Verkleinerungsform von *mas*, was Bauernhof oder Landsitz bedeutet). Das kleine *mazet*, das wir ein paar Kilometer außerhalb von Nîmes kauften, bot uns kaum mehr als Schutz vor den Elementen. Aber wir verwandelten es mit Fleiß und Findigkeit rasch in ein komfortables, ja gemütliches Häuschen. Ich umgab es mit Trockenmauern aus dem schlichten Garrigue-Stein, der splittert und sich auf handliche Suppentellergröße bringen läßt, ideal für Mauern und Balkone. Zur Krönung legte ich eine kleine Terrasse an, und das Mauerwerk brachte die ehrwürdigen alten Mandelbäume perfekt zur Geltung. Hier vertrödelten wir die goldenen Nachmittage und Abende wie chinesische Philosophen und führten endlose Debatten über das hypothetische Buch, von dem wir wußten, daß es nie geschrieben werden würde – jenes Buch, in dem die grundlegenden Einsichten über dieses Land enthalten waren. Ein Abriß dichterischer Ahnungen – alles, was der ideale Reisende wissen sollte!

Die Winter, die wir in Aldos ruinenhaftem und ruinösen alten Château unweit von Beaucaire verlebten, waren ein echtes Vergnügen, bis die Witterung umschlug; genaugenommen hatten wir uns alle als Aushilfskräfte für die Weinlese verdingt, aber wenn es das Wetter erlaubte, harrten wir gern bis Oktober aus, wenn die Oliven an der Reihe waren, und danach kamen noch vereinzelte Ernteeinsätze wie die Suche nach Trüffeln und Kastanien im nahegelegenen Wald. Da der alte Kasten mit modernen Mitteln so gut wie nicht zu heizen war, neigten wir dazu,

Holz als Brennstoff zu verwenden und unser Essen überwiegend in der Glut zuzubereiten, die im gigantischen Templerkamin im Erdgeschoß des Bergfrieds aufgeschichtet war. Außerdem tranken wir. Und tranken. Und tranken...

Und so kamen wir auf die Idee zu einem Buch – einem Buch, das nicht nur unsere erhaltenswertesten Gedanken fassen, sondern uns auch helfen sollte, den unseligen Konsum von scharlachrotem Fitou (*douze degrés*) oder – gescheiter, aber für die erntende Hand mit dem Schneidemesser nicht minder gefährlich – von rotem Corbières einzuschränken. Daraus wurde nichts, doch es gelang uns, einen Berg von Material anzuhäufen. Es waren überwiegend nicht zu beantwortende Fragen über Römer und Griechen, von den Kreuzrittern und den Troubadouren ganz zu schweigen. Was den Wein anging, so tröstete uns Aldo mit einem selbst formulierten Bonmot, das er auf das Titelblatt unseres Schmierhefts schrieb: »Alles wirklich Wünschenswerte hat sich des Weines wegen oder ihm zum Trotz ergeben!«

Es bedarf kaum der Erwähnung, daß alle frommen Hoffnungen auf ein besonneneres Vorgehen unerfüllt blieben, genau wie das Buch offiziell ungeschrieben bleibt, obwohl es dem Projekt weder an Zeit noch an Lesungen und Debatten fehlte. Letztere arteten häufig in offene Feindseligkeit aus, wenn der eine oder andere Freund eine neue Theorie über den »wirklichen Charakter« der Provence darlegte: eine unentrinnbare Wahrheit – so wahr, daß sie alle hätte überzeugen müssen!

Umsonst! Umsonst! Umsonst!

Wir hatten an einen konventionellen Reiseführer im gewohnten Format gedacht – ein wenig Geschichte, ein paar Mythen, diverse Einsichten und treffende Metaphern, die der herrlichen Landschaft gerecht wurden, das Ganze mit den nötigen Informationen für Touristen versehen... Nun jedoch überzeugten uns neue Erkenntnisse, daß die wahrheitsgemäße Darstellung der Region zu etwas weitaus Abstrakterem führen würde, zu einer viel weniger schulbuchmäßigen Form. Man hatte einzusehen begonnen, daß die von Bergen und Flüssen gebildeten herkömmlichen Grenzen zwar den Verkehr zwischen Staaten und Stämmen behinderten, so daß jahrhundertelang große Unwissenheit über Gewohnheiten und Überzeugungen selbst naher Nachbarn geherrscht haben muß, daß aber gewisse Kontakte immer erkennbar waren. Schließlich gibt es selbst aus fernen Epochen wie dem pythagoreischen Zeitalter Berichte über Verbindungen zu den Druiden Großbritanniens und über den Austausch religiöser und philosophischer Gedanken. Und die römischen Ruinen zum Beispiel in Orange scheinen wie eine Stein gewordene Parodie jene von Epidauros nachzuahmen, auch wenn sich das griechische Theater sehr vom römischen unterscheidet. Der Herzschlag eines Ortes ist in diesen steinernen Ereignissen verzeichnet. Am Marmor der Akropolis kann man das beredte steinerne Echo ablesen, das Rom in der Provence hervorgerufen hat: Die reizende Maison Carrée in Nîmes verweist nach wie vor auf ihren Ursprung, die Blutsverwandtschaft mit der glasklaren Einsicht Griechenlands in menschliches Unglück und die problematische Einsicht in die Existenz des Individuums. Sie tut dies jedoch auf dem Umweg über das Verlangen der Römer, jenes Volk zu übertreffen, das ihnen das Gefühl gab, ästhetische Parvenüs zu sein (was sie wegen ihrer vergröbernden Denkweisen natürlich auch waren). Andererseits begegnet man noch heute auf den Straßen von Arles der strahlenden Schönheit der Arlésienne, einem fleischgewordenen Echo der Römerherrschaft.

Dennoch erleben wir auch hier Überraschungen, denn selbst ein zweckbetontes Artefakt wie der Pont du Gard ist von der Anlage her so gewaltig, daß seine Erhabenheit an die von Westminster Abbey heranreicht. Wobei wir bedenken müssen, daß er dem Wasser geweiht war, und Wasser war eine Gottheit. Die schönste Beschreibung des Aquädukts stammt von Rousseau. Es gehörte einiges dazu, einen Mann wie ihn sprachlos zu machen, doch als er dieses Mastodon aus dem Einerlei der Garrigues aufragen sah, in der das herangeführte Wasser entspringt, kam ihm die Fähigkeit abhanden, sich zusammenhängend auszudrücken, so unheimlich war es ihm. Schuld daran ist natürlich seine Größe sowie die Erkenntnis, daß das ganze Bauwerk ohne Zuhilfenahme von Mörtel aus honigfarbenen Gesteinsblöcken zusammengesetzt ist. Jeder einzelne Block ist so groß wie ein Personenwagen! Wie haben es die römischen Ingenieure nur geschafft, diese riesigen Brocken so hoch in die Luft zu hieven? Aber Wasser war kostbar, Wasser bedeutete Leben, und der Römer war dem Land und seinen Früchten so blind ergeben wie der eigenen Ehefrau. Die Provence stellte so etwas wie die vielfältigen Freuden der Ehe dar! Die Sonne bestimmt, was wächst, aber Wasser wird, da es unverhofft den Pegel ändert, plötzlich ganz ausbleibt oder rasch zwischen Dürre und Überschwemmung wechselt, zum alles entscheidenden Symbol, zum legendären Faktor. Das Wasser spielt auf ausgetrockneten Flußbetten wie auf einer riesigen Klaviatur; ewig ändert es das Niveau, ewig sucht es im trockenen Gebirge wie in einem hohlen Zahn nach noch größeren Tiefen.

Vieles von dem, was folgt, ist den Plaudereien mit meinen beiden ersten Freunden zu verdanken: Jérôme, dem frommen Landstreicher, und Aldo, dem Adligen und Weinbauern in seinem verfallenen Château. Ohne ihre ständige Präsenz wäre mir die dichterische Beschwörung der Provence unmöglich. Ihretwegen – ich sehe sie jetzt noch vor mir, wie sie zwischen den Olivenbäumen umherschlendern, die mit Fitou gefüllten Gläser in der Hand – kann ich ernsthaft behaupten, das Land sowohl mit den Füßen als auch mit der Zunge erlebt zu haben. Lange Spaziergänge und noch längere Trinkgelage haben meine unschuldigen Recherchen gekennzeichnet: die ideale Art, sich Zugang zu einer Landschaft zu verschaffen, die so voller Zweideutigkeiten und Geheimnisse ist. Ja, Geheimnisse, schwarz vom Wein und golden vom Honig, Landschaften von beinahe brutaler Friedfertigkeit, die sich in phantastischer Fülle aufeinandertürmen. Es ist, als wollten sie die historischen Konfrontationen provozieren, die ihnen Bedeutung verliehen haben, als wollten sie mit opernhafter Pracht das Heilige und das Profane durcheinanderbringen, das Triviale und das Grandiose, so daß man davon wie gebannt ist!

In der ersten Euphorie dieses therapeutischen Projekts hatte das geplante Buch, das *Die ganze Provence* getauft worden war, eine gewisse pauschale Überheblichkeit, die ich lobenswert fand. Provence! Was war das genau? Im Schlaf greife ich die Frage oft wieder auf und stelle sie neu. Die ungeheure Vielschichtigkeit des Themas ist beängstigend, und als ich soweit war, mir die historischen Daten vorzunehmen, welche die reiche Geschichte der Region ausmachen, wurde mir klar, daß ein Dutzend Bände erforderlich wären, um Anspruch auf Vollständigkeit erheben zu können! Andere hatten nach wenigen Seiten aufgegeben. Konnte ich hoffen es besser zu machen, selbst wenn ich eher impressionistisch vorging, wie bei einem System der poetischen Collage? Es gilt, die poetische Essenz dieser außerordentlichen Wiege des romantischen Andersdenkens zu erfassen, ohne sie sentimental erscheinen zu lassen – denn sie birgt in ihrem romantischen Herzen eine herrliche Unbarmherzigkeit und Radikalität!

* * *

Nun sind Aldo und Jérôme also von der Bühne abgegangen... und mit ihnen andere, die sich ebenfalls fortgestohlen haben, die Geschichten und Erinnerungen an eine provenzalische Heimsuchung hinterlassen haben: Henry Miller, Denis de Rougemont, Gionò, Marie M-D... Manchmal habe ich das Gefühl, als sei ich zurückgelassen worden, um dieses Buch zu vollenden, ehe ich mich ihnen zugesellen darf! Mehr noch: Ich muß darauf achten, das Timbre von Denis' Gelächter zum Ausdruck zu bringen, die berühmten Leidenschaften eines Miller, der voller Anklänge an Griechenland war...

Was bleibt, ist eine Auslese vorzunehmen.

Hinter Valence

Zunächst schien die Provence weniger eine geographische Einheit als eine Idee zu sein. Es war schließlich Cäsar, der sie »die Provinz« getauft hat, und anfangs sah es ganz so aus, als würden ihre wechselnden Konturen, die sich durch Kriege und Völkerwanderungen ausdehnten und zusammenzogen, eine Landmasse umschließen, die einerseits Genf und andererseits Toulouse einbezog: ein unwahrscheinlich weites Terrain. Das jedoch blieb im Angesicht der Geschichte nicht stabil. Langsam gerieten seine Grenzen in Bewegung und zogen sich zusammen, bis sie die Umrisse unserer modernen Provence angenommen hatten, mit Montélimar im Norden, Nizza im Osten und Béziers oder Narbonne im Süden ...

Die moderne Version dieses halb mythischen Landes entspricht ungefähr dem, was der heutige Reisende vorfindet, wenn er von Valence aus direkt nach Süden vorstößt. Das Mediterrane setzt sich unversehens durch, und die traditionelle provenzalische Folklore, die alte touristische Klaviatur, macht sich mit Zypressen und heißen Ziegeldächern bemerkbar, mit Efeu und Geißblatt, Sykomoren und feierlich gelassenen Platanen. Sie zeichnen den Lauf versteckter Flüsse nach, tief eingegraben vom unablässigen Drängen der Schweizer Gletscher auf ihrem Weg zum Meer hinab. Die Rhône! Und dem Licht kann gar nichts gerecht werden – weder Kamera noch Pinsel. Es ist von einer Trefflichkeit, einer Eloquenz, die über jedes Lob erhaben ist. Dieser Himmel – dieses besondere verwundete Blau, wie man es manchmal in den Himmeln Mantegnas findet – ist der Provence vorbehalten, ist weder ein griechischer noch ein römischer Himmel. Wie frisch geprägt wirkt er, so daß die Bauerngesichter, denen man am Samstag auf dem Marktplatz begegnet, die ganze Gelassenheit und den Ernst römischer Münzen annehmen.

Und doch hat sich in den letzten fünfzehn Jahren viel verändert. Alles wurde dadurch gefährdet, daß auch die entlegenen Teile der Provence in Schauplätze des Tourismus umgemünzt werden sollten, deren Anspruch dem von Nizza und Monte Carlo in nichts nachsteht. Im Süden wurden die eher enttäuschenden Seebäder und Strände in ein von Hochhäusern zerklüftetes Hinterland verwandelt, in einen Tummelplatz für jene Touristen aus dem Norden, auf die sich die Wirtschaft der Region heute im wesentlichen stützt. Derweil hat die schwere Wohnraumkrise, die im Anschluß an den Algerienkrieg aufkam, den friedlichen Römerstädten Avignon, Nîmes, Montpellier, Marseille, Béziers und Narbonne großflächige, unerwünschte Schlafstädte und ein Dickicht aus Nebenstraßen beschert. Die aber verlangen von den Touristen, die auf der Suche nach den in Reiseführern versprochenen sonnigen Herrlichkeiten scharenweise in den Süden strömen, ein völlig neues Vorgehen.

Also wurden als Ersatz für die bescheidenen Landstraßen der Vergangenheit – die für den modernen Verkehr ungeeignet waren – stattliche Autobahnen angelegt. Ja, die neuen Autobahnen haben viel urwüchsiges Land bezwungen und banalisiert. Um bei ihrem Bau möglichst geringen Schaden anzurichten, haben die Ingenieure nur eine Seite der schönen Platanenreihen am Straßenrand gefällt, mit dem Ergebnis, daß eine traurige, entweihte Landschaft übrigblieb. Und natürlich haben sie die Straßen verbreitert, auf Kosten ihrer einstigen Intimität und ihres Charmes. Seit die Bäume gefällt sind, sehen die Straßen, wenigstens die großen, wie attraktive Frauen auf einer Krebsstation aus, die mit geschorenen Köpfen auf eine Gehirnoperation warten und deren Schädel zur Vorbereitung künftiger Einschnitte mit Kreide markiert sind! Der heutige Tourist fährt in gemächlichem Tempo durch diese Landschaft, auf Straßen, die zahlreicher sind als zur Zeit der Römerherrschaft und die nun von Gleichgesinnten verstopft werden. Man kann jetzt zwar an einem Tag das ganze Gebiet durchqueren, ohne eine Ortschaft, einen einzigen Kunstschatz besichtigt zu haben, und am Ende nach Spanien gelangen, denn alle wesentlichen Zentren haben

Umgehungsstraßen erhalten. Dagegen werden die verschlafenen alten Städte wie das berühmte Avignon, Arles oder Montpellier von den Aufdringlichkeiten der Autofahrer, die nach einem Parkplatz suchen, zur Verzweiflung getrieben. Daraufhin wurden große unterirdische Parkhäuser gebaut, die den Tourismus erneut steigern werden.

Das Gebiet ist ein Trichter, den praktisch jedes Volk der Antike und der Gegenwart passiert hat, unterwegs in den Krieg oder aus einem Krieg kommend, auf Straßen, die dank der Tapferkeit und Unternehmungslust der alten Griechen und Römer angelegt und befestigt worden sind. Bis auf den heutigen Tag trägt es die Spuren ihrer Anwesenheit. So sehr die Gegenwart von Gedränge, Unsicherheit und Zwang bestimmt ist, bin ich doch sicher, daß die Eröffnung der ersten großen römischen Durchgangsstraßen fast ebenso große Erschütterung und Unsicherheit wie das neue Autobahnnetz ausgelöst und den Verkehrsfluß nach Norden und Süden radikal verändert hat. Kommunikation ist der Schlüssel jeglicher Veränderung des geschäftlichen Miteinanders sowie der Kulturen, die daraus erblühen. Heute allerdings ist eine völlig neue Technik nötig, um zu erreichen, wofür einst Pferd oder Fahrrad ausreichten (einigen halsstarrigen Schweizern und Deutschen reicht es immer noch), um die alten Stätten zu erkunden, die in ihrer ganzen poetischen Pracht nach wie vor das Land schmücken. Sie sind paradoxerweise noch weniger zugänglich als in der Vergangenheit. Und so etwas nennt sich Fortschritt – das Auto hat uns mit Haut und Haar verschlungen!

Die Fremdenverkehrsbüros schlagen mit Vorliebe einen überschwenglichen Ton an, wenn sie wahrheitsgemäß daran erinnern, daß man soeben Cézanne-Land passiert... Man kommt sich vor, als würde man aufgefordert, eine Röntgenaufnahme von einem der Gemälde des Künstlers zu bewundern! Ja, die Provence hält Enttäuschungen bereit, aber glücklicherweise ist die angestammte Reinheit und Würde insbesondere ihrer Dörfer und ländlichen Gebiete darüber erhaben. Es sind nur einige wenige Orte, an denen man auf groteske Parodien Manhattans oder der Vororte des industriellen Nordens trifft. Doch das Land lebt und atmet trotz solcher entmutigender Zwischenfälle unbeirrbar weiter...

* * *

Einmal reiste ich von Norden kommend in die Provence ein. Der Herbst war schon tüchtig fortgeschritten, und ich fuhr durch ein Land, das nach einer erfolgreichen Traubenernte erschöpft, aber zufrieden war. Die Weingärten waren abgeerntet, und die knorrigen kleinen Kruzifixe der Rebstöcke mit ihren verwitterten Formen standen mit ihrem kohlschwarzen Holz im Weiß eines verfrühten Schneeschauers... Nichts mehr zu erwarten, so empfand man es, bis wieder der Frühling einkehrt, und mit ihm das erste verstohlene Grün.

Das kleine Dorf Lauret, dessen Dächer trotz des strahlenden Sonnenscheins schneebedeckt waren, wartete mit zwei eindrucksvollen Tableaus auf. Vor einem Haus hatte der Besitzer einen Tisch mit weißem Tischtuch, einer einzelnen Flasche und einem Glas aufgestellt, um seine Bereitschaft anzuzeigen, dem Reisenden gegen ein bescheidenes Entgelt ein Essen aus eigener Küche zu servieren. In der Flasche mit rosigem Pic St-Loup steckte senkrecht der Korkenzieher, und diese Aufforderung löste bei den Vorüberfahrenden spontan animalische Durstgefühle aus. Dagegen hatte es am anderen Ende des Dorfes einen Todesfall gegeben, und vor der Tür eines Hauses ähnlicher Bauart stand ein anderer, schwarz verhüllter Tisch, auf dem das traditionelle Buch auslag, in dem sich die Trauernden und Freunde des Verstorbenen zum Zeichen ihres Beileids eintragen. Die Kerze tropfte auf das schwarze Tuch. Der Gegensatz zur weißen Schneelandschaft war beeindruckend, das Nebeneinander der beiden Tische eine beängstigende Parallele – Symbol der Bedeutung des Begriffs Provence für das menschliche Schicksal, das mediterrane Schicksal, das in einem Stimmungsbild das Anliegen der griechischen und der römischen Antike vereint. Leben und Tod sozusagen in einem Glas!

* * *

Um mit einer der genannten provenzalischen Städte Bekanntschaft zu schließen, trifft man am besten bei Tagesanbruch dort ein, vorzugsweise an einem Markttag. Dann ist der Ort voller verschlafener Händler, die von ihren Last- und Lieferwagen abladen, was man sich nur denken kann, von Tauben und ganzen Schinken bis hin zu Oliven und Pflaumen. Die Stadt selbst scheint sich zu recken, zu gähnen und darauf zu warten, daß die aufgehende Sonne sie erwärmt. Nur die Bistros haben geöffnet, und schon hier beginnt man zu staunen, wenn man sieht, wie die Markthändler in aller Frühe mit einem beherzten Schluck puren Weinbrands die Räder des Handels in Bewegung versetzen. In den rauchverhangenen Bistros kann man ältere Händler beobachten, die das Morgengrauen mit einem klassischen Glas *marc* begrüßen, mit Kirschlikör, Portwein oder einem *canon* Rotwein. Andere sind vielleicht nur mit einer bekömmlichen Dosis Armagnac oder Pfefferwodka zufrieden... Ich erinnere mich noch gut an einen Bistrobesuch mit Jérôme, der sich durch die Entdeckung eines außerordentlichens Getränks namens Arquebuse auszeichnete, das ihm zufolge harmlos, aber schmackhaft war. Mir wurde ein volles Weinglas mit einer Flüssigkeit gereicht, die wie Gin oder Wodka aussah, und da der Morgen ein wenig kühl war, leerte ich es unvorsichtigerweise in einem Zug. Nachdem ich mich wieder vom Boden aufgerappelt hatte, fragte ich höflich, ob ich mir die Flasche ansehen dürfte, in der dieses erstaunliche

Feuerwasser der Welt überbracht wurde. Und siehe da: Der Text, der das Getränk begleitete, war äußerst aufschlußreich. Er klärte mich darüber auf, daß das, was ich soeben gekostet hatte, kein Alkohol, sondern genau genommen ein »Wundmittel« sei, das man im Mittelalter zum Einsatz auf dem Schlachtfeld ersonnen habe. Die Erfindung der Arkebuse kurz zuvor hatte sich nachhaltig auf die Kriegführung ausgewirkt, denn sie hinterließ eine Fleischwunde ganz neuer Art, die schmerzhafter war als die Pfeilwunden der Vergangenheit. Deshalb waren die damaligen Ärzte froh, dieses Wundmittel mit seiner blutstillenden, reinigenden Wirkung zu haben. Irgendwann jedoch (auf der Flasche steht nicht, wann oder unter welchen Umständen) muß jemand an seinem Verband gelutscht haben, und von da an gab es kein Zurück; Arquebuse fand seinen Platz unter den stärkeren Spirituosen, die dem Menschen, dem gewöhnlichen Menschen, zu Gebot stehen, und ist in der Tat eine Wohltat für die gesamte Menschheit. Wie man hört, hilft es außer gegen Glatzenbildung gegen alles. Ich kenne eine Reihe von Leuten, die darauf schwören, und habe selbst immer eine Flasche im Vorratsschrank, um bei Bedarf Leben zu retten. Solcher Art sind die Kenntnisse, die man erwirbt, wenn man früh genug aufsteht und beim ersten Licht des Tages in einer provenzalischen Stadt eintrifft.

Eine andere Begebenheit, die für die Gepflogenheiten des Südens doch recht typisch zu sein scheint, erlebte ich ebenfalls in einem Bistro, wo ein nachdenklich dreinblickendes Individuum allein in einem abgeschiedenen Winkel des vielbesuchten Lokals saß. Der Kellner war dabei, ohne Ansehen der Person eine Runde Armagnac nach der anderen auszuschenken – ein Akt der Großzügigkeit, der an einem frostigen Morgen höchst willkommen war. Doch damit nicht genug: Kaum war ein Glas geleert, da tauchte auch schon an seiner Stelle das nächste auf, und es war klar, daß uns, wenn wir nicht aufpaßten, ein ausgiebiges Trinkgelage bevorstand. Ich hatte natürlich von der südländischen Gastfreundschaft gegenüber Fremden gelesen und prostete pflichtschuldigst meinem rätselhaften Gönner zu. Als jedoch das nächste Glas erschien und abzusehen war, daß noch weitere folgen würden, fragte ich mich, was er auf derart mustergültige Weise wohl feiern mochte. (Ich habe eine Schwäche für Armagnac, saß an jenem Tag aber auch am Steuer des Autos.) Ich konnte es mir nicht verkneifen und fragte den Kellner: »Hat er im Lotto gewonnen oder im Kasino die Bank gesprengt?« Da schüttelte der Kellner den Kopf und sagte: »Viel besser als das. Er leidet seit Jahren unter einem überaus hartnäckigen Bandwurm. Alles hat er versucht, doch vergebens. Heute aber hat sich der Kopf gelöst und er hat ihn ausgeschieden. Ça se fête, n'est-ce pas?«

Taufe

Meine Taufe zum waschechten Mediterraner geht auf einen bedeutsamen Abend kurz vor Ausbruch des letzten Krieges zurück, als es mir in einer Vollmondnacht gelang, mich mit meinem Schlafsack den Hang zur Akropolis hinaufzuschleichen und dort im Schatten der Karyatiden zu lagern. Eine Nacht von windstiller Friedlichkeit, ruhig bis auf das Flattern und Wimmern der »scop«, also Späher oder Bote genannten kleinen Eulen, die einst die Vertrauten Athenes waren. Ich wurde im Morgengrauen geweckt und erkannte, daß ich zum Objekt wohlwollender Neugier geworden war: Um mich herum graste unter der Obhut eines lächelnden jungen Hirten eine kleine Schafherde. In jenen fernen Tagen konnte Athen sich mehrerer Schafherden rühmen, die jeden Tag durch die Stadt zogen und den Verkehr zum Erliegen brachten, wenn sie über den Sindagma-Platz trotteten, der das athenische Gegenstück zum Londoner Piccadilly Circus ist. Der junge Hirte erzählte mir, er sei ein Priester in der Ausbildung, und das überraschte mich nicht, denn ich ahnte bereits, daß mit der Fruchtbarkeit und Fülle mediterraner Kultur (zusammen mit der alten klassischen Sinnlichkeit und der romantischen Zurückhaltung) eine Neigung zur Selbstverleugnung einherging, zur Asketik. Zügellosigkeit und Genügsamkeit waren unter der Haut miteinander verschwistert – wie Dichtkunst und Mathematik.

Fast ein Drittel Jahrhundert später sollte ich auf ähnliche Art geweckt werden, umringt von Schafen, diesmal jedoch in einer anderen Umgebung, denn ich hatte in meinem kleinen Campingwagen in den wasserlosen Garrigues um Nîmes herum übernachtet. Die Sonne war aufgegangen und ich sah mich der ironischen Begutachtung durch einen Hirten ganz anderer Art ausgesetzt, der mich an Jehova denken ließ, mit seinem fließenden Bart und der gebieterischen Haltung. Er war neugierig und freundlich und wir teilten uns einen rituellen *canon* Rotwein, um den Tagesanbruch zu begrüßen. Jérôme, denn um ihn handelte es sich, war eigentlich kein Hirte, er hatte den Job nur für ein paar Francs übernommen. Jérôme war mein erster echter Landstreicher und wie sein athenischer Vorgänger ebenfalls Priester – nur umgekehrt: Er hatte sich freiwillig von einer Berufung verabschiedet, als er feststellte, daß sie nicht mehr zu ihm paßte. Die Provence hatte ihn wieder zu Verstand gebracht – so behauptete er; und er hatte sich unverzüglich auf den Weg gemacht, um sich *La Cloche* anzuschließen, der großen Bruderschaft der Schelme und Grübler und Querdenker, die seinerzeit überall in der Provence zu beobachten waren, wie sie kreuz und quer das Land durchstreiften. In einer ausgeleierten Tasche war die Rotweinflasche untergebracht, während die andere von einem Laib Brot und einer Zeitung ausgebeult war, die sie beim Mittagessen mit Nachrichten über die Welt versorgte, die sie verlassen hatten.

Jérôme äußerte sich freundlich anerkennend über meine langjährige Beziehung und Zuneigung zu Griechenland, das er nie selbst gesehen hatte. »...außer hier«, fügte er hinzu und fuhr fort: »Sie werden werden überall darauf stoßen, wenn auch zunächst die römischen Monumente bei weitem zu überwiegen scheinen. Nicht umsonst gibt es in der Provence mehr Überreste Roms als auf der Halbinsel selbst! Sie werden ihnen nicht entkommen können!«

Jérôme war aus Paris, ein Intellektueller auf der Flucht, und schon bald freute ich mich auf seine seltenen Besuche in meinem kleinen *mazet*, denn die Gespräche mit ihm waren aufschlußreich und seine Kenntnis der Region beinahe enzyklopädisch. Ich unternahm mit ihm mehrere dreitägige Ausflüge durchs Land, um meine Eindrücke zu vertiefen. Wenn man wissen will, wie lang die römische Meile sein kann oder wie dem Legionär auf einem langen Marsch im Hochsommer oder Winter zumute war, wenn der Mistral blies, muß man sich nur mit einem Landstreicher zusammentun! Nur – ein gewöhnlicher Landstreicher erfüllt nicht alle Ansprüche ... aber Jérôme war eben kein gewöhnlicher Landstreicher.

Mit den Jahren habe ich eine ganze Reihe seiner Kollegen kennengelernt: Als ich in der Provence eintraf, waren sie zahlreich und stark vertreten und den Provenzalen herzlich willkommen. In der Regel waren es ehemalige Anstreicher oder Matrosen oder Landarbeiter, die der Alkohol oder psychische Probleme auf die Straße getrieben hatten, – wo sie der Krankheit mit dem schönen Namen »Dromomanie« verfielen... Ich denke, daß zu dieser Gruppe auch die übliche Anzahl von Trunkenbolden und Exzentrikern zu rechnen ist, ja vielleicht sogar von kriminellen Herumtreibern, die der Polizei Kopfzerbrechen bereiteten. Aber *La Cloche* genoß dennoch eine Art neidischen schöpferischen Respekt, als ob die gemeine Bevölkerung spürte, daß diese schnurrbärtigen Herren in Wahrheit unstete Philosophen waren, die sich aus der normalen Gesellschaft verabschiedet hatten, um in beinahe religiöser Zurückgezogenheit »ihren Tod neu zu definieren«, solange noch Zeit dazu war. Insgeheim herrschte das Gefühl, es sei ein Akt romantischen Verdienstes und philosophischer Einsicht, die Straße zu wählen –, vielleicht ist das ja auch vollkommen richtig. Aus meiner Kindheit in Indien erinnerte ich mich, daß man dort ungefähr die gleiche Haltung dem *sadhu*, dem heiligen Mann entgegenbrachte, der auf der Suche nach einer verifizierbaren Wahrheit in den Dschungel gegangen war, mit dem Verlangen, Demut als schöne Kunst wiederzuentdecken und dazu beizutragen, sie zu einer Gesellschaftsphilosophie zu machen. Jérôme jedenfalls segelte, als ich ihn kennenlernte, unter dieser Flagge und wurde als gebildeter Mann weithin respektiert. Er hatte in den Dörfern, die er besuchte, viele Freunde, Freunde jeglicher Art, die wie er gelegentlich ein, zwei Tage lang Schreiner- oder Malerarbeiten annahmen, um ein Auskommen zu haben. Doch im Herzen waren sie Einzelgänger. Einer lebte in einer Wanne in Avignon und schlief wie Diogenes auf Stroh. Er besaß ein Tagebuch, in dem er einzelne Gedanken und philosophische Notizen festhielt, denen es an Originalität nicht mangelte.

Doch scheint es, daß der Berufsstand unter Druck geraten ist. Der Typus des *Cloche* ist durch die neuen Autobahnen verändert worden, die sich kreuz und quer durchs Land ziehen. Sie haben sich in kleine, schützende Kolonien der unerfreulicheren Viertel von Toulon und Marseille zurückgezogen, genau wie sich das Leben der Zigeuner an festen Orten stabilisiert hat, wo die Kinder zur Schule gehen können: Ihre Wohnwagen sind jetzt mit Fernsehgeräten ausgestattet. Urbane Kultur, so scheint es, ist nicht mehr wegzudenken.

Mit Jérôme unterwegs zu sein, war doppelt interessant, denn sein Akzent verriet ihn als Mann aus dem Norden. Man hielt ihm gutmütig vor, »spitz« zu reden (*parler pointu*), womit der Provenzale seine Abneigung gegenüber dem Pariser Akzent zu verstehen gibt. Ich denke, eine gute Übersetzung der Redewendung wäre so etwas wie »hochgestochen reden«! Dagegen war ich als der eigentliche Ausländer über alle Kritik erhaben und konnte – durch das heilige Gesetz der Gastfreundschaft – reden, wie es mir beliebte. Es war amüsant, sich mehr zu Hause zu fühlen als ein waschechter Franzose. Der Provenzale mit seinen breiten Vokalen wird auf heimatlichem Boden alles daransetzen, andere zu überzeugen, daß er in gelinder Zwietracht mit den »spitz« redenden Besuchern aus dem Norden steht. Denen aber wurde das Bild vom trägen, todessehnsüchtigen, theatralischen Süden vermittelt, ob vom Varieté oder von Journalisten und Schriftstellern auf der Durchreise. Auch das ist nur die halbe Wahrheit, wenngleich einige Erkenntnisse Pagnols und Märchenfiguren wie das unsterbliche Paar Marius und Olive tatsächlich den Geist von Marseille verkörpern. Man kann es als Hinweis auf den Mißklang ansehen, der immer geherrscht hat, nicht nur zwischen Norden und Süden, sondern auch zwischen mediterraner Kultur und dem Rest der Welt. Dieser Unterschied ist nicht größer als die Kluft, die Iren, Schotten und Waliser im Hinblick auf regionalen Charakter und geistige Grundhaltung trennt. Das Land, wo Wein und Oliven gedeihen, beharrt auf Eigenständigkeit, wie auch die Menschen, die dort leben. (Die Rhône-Schiffer haben noch bis vor kurzem ein Ufer des Flusses »Kaiserreich« und das andere »Königreich« genannt, um die unterschiedliche Einstellung zu betonen.) Und obwohl die Provence seit rund vierhundert Jahren mit Frankreich vereinigt ist, hat sich kein Teil Frankreichs in solchem Maße seine Individualität bewahrt. Es gab sogar, versichern uns die Historiker, einmal eine Zeit, als es auf des Messers Schneide stand, ob die Provence nicht vielleicht selbst die Ländereien der Kapetinger und derer von Valois an sich reißen würde – und damit Frankreich schlucken würde, anstatt selbst geschluckt zu werden!

Cäsar, dessen kluge Einsicht den meisten Problemen der Geschichte und Politik gewachsen war, teilte Gallien in drei Teile; spätere Historiker haben die Zahl auf zwei reduziert. Sie zogen einen Gürtel um das Land und stellten eine Dichotomie der Sprache fest: der *langue d'oïl* des Nordens und der *langue d'oc* des Südens. Über der menschlichen Gürtellinie befinden sich Kopf und Herz, darunter der Verdauungsapparat und die Sexualorgane – eine angemessene Analogie zwischen dem menschlichen Organismus und der französischen Geographie. Der Charakter des Nordens ist wachsam, zielstrebig und analytisch, das kühle, mechanische Vorderhirn bei der Arbeit. Paris, so könnte man sagen, ist das Herz. Kopf und Herz bestimmen über den ganzen Körper. Es handelt sich um eine bewußte Kontrolle. Aber das Unterbewußtsein macht sich im Bauch und in den Lenden zu schaffen; südlich unseres imaginären Gürtels erzeugen Wahrnehmung und Empfindung, ungestört von einem Übermaß an Vernunft und logischem Denken, die Üppigkeit und Wärme für das gesamte System. Der Norden steuert Ideen und Anregungen bei, der Süden Gefühl und Leidenschaft, so daß ein reichhaltiges geistiges Gemisch entsteht, das sich am besten fern der Hauptstadt in den sonnenwarmen Provinzen studieren läßt. Die Südfranzosen mit ihrem breiten Akzent sind natürlicher und unbeschwerter als die Menschen des Nordens. Sie sind mehr an Dichtung und Musik interessiert, von Rhetorik und Debatte ganz zu schweigen, als ihre nördlichen Landsleute. Normen, Einordnungen, Bestandsaufnahmen – sie werden so gewonnener Daten schnell müde und sind für ihren Mangel an Methodik berüchtigt. Unter den großen Männern Frankreichs läßt sich so oft ein Schema der Begabungen ausmachen: Naturwissenschaftler, Philosophen und Denker stammen eher aus dem Norden, während die Dichter, Maler und Männer der Tat aus dem äußersten mediterranen Süden kommen.

An der Ungeduld in Jérômes Gesicht konnte ich ablesen, daß ich ihn mit meinen umständlichen Beurteilungen ermüdete, denn jede Aussage kann und muß auf hundert verschiedene Arten näher bestimmt werden, wenn sie auch nur annähernd der Wahrheit nahekommen soll. Wenn nämlich Geographie überhaupt von Bedeutung ist, sollte die verschiedene Beschaffenheit des Bodens, der Luft und des Wassers in Frankreich Verallgemeinerungen ausschließen. Wie sollte man so Unterschiedliches zusammenfassen – die Schlackehaufen der Ardennen, normannische Obstgärten, den wogenden Weizen der Region Beauce, die erhabenen Cévennen... – von abscheulich provinziellen Vororten rund um Kreuzfahrerstädte, friedlichen Châteaus, winzigen mittelalterlich geprägten Kirchhöfen und fischig blauäugigen Mittelmeerhäfen einmal ganz abgesehen? Wie soll man die intuitive Wirkung der Kreuzstichs der Weinstöcke im südlichen Winter ermessen, reisgrün im Frühling, rot und weiß angehaucht im Herbst, mit Blättern wie Zitronenstücke, die in chinesischem Tee schwimmen?

* * *

Was macht den Franzosen denn nun eigentlich aus? Während Jérôme vor sich hin brummte, kam mir ein Erlebnis meiner frühen Jugend in den Sinn, der Schock, als ich – mit ungefähr zwanzig Jahren – Paris kennenlernte. Es war wie ein plötzlicher, unerwarteter Akkord auf dem Klavier – ein Akkord, den ich nie zuvor angeschlagen hatte. Die ganze Stadt war vom Sauerstoff einer verfeinerten Art erfüllt, die einem direkt zu Kopf stieg. Ich befand mich unter Menschen, die Vergnügen als religiösen und ästhetischen Wert schätzten, als Nahrung für die Seele! An jeder Ecke geriet ich außer Fassung und lernte von der Leichtigkeit ebenso sehr wie vom Wein. Auf einem Spaziergang im Jardin du Luxembourg hatte sich zudem eine junge und hübsche französische Studentin meiner angenommen, die entschlossen war, meine Erziehung in die Hand zu nehmen – nicht nur in Sachen Liebe, obwohl das für jemanden, der in England aufgewachsen ist, von größter Bedeutung war, sondern auch bezüglich des Essens. In ihrer kleinen Mansarde unterm Dach zauberte sie mit leichter Hand ein denkwürdiges warmes geröstetes Käsesandwich auf den Tisch, wie ich es noch nie gekostet hatte ... Es schmeckte köstlich und sprach auf den roten Wein an wie das Echo in einer Muschel. Nichts davon hätte mir in London begegnen können, wo die Mädchen allesamt vom dänischen König Knut abzustammen schienen. Aber dieses prägende Erlebnis war noch nicht alles. Bei meinen Gesprächen mit Gabrielle erkannte ich ein Naturell, das uns die Franzosen, wie mir jählings aufging, so fremd machte wie beispielsweise die Japaner. Diese junge Frau hatte nicht nur sensible Geschmacksnerven, sie hegte auch eine glühende Leidenschaft für die Malerei: Wir waren vor einem Ölgemälde stehengeblieben, und sie hatte mit wunderbar schlichten Worten von ihrer Liebe für die Aquarelle Almendros gesprochen und beiläufig hinzugefügt: »Ich kaufe eins davon auf Raten – habe gerade die erste Anzahlung geleistet – puh! Es ist kostspielig, aber mit der nächsten Rate geht es in meinen Besitz über – ist dir klar, was das heißt? Ich werde es hier über meinem Bett haben!« Sie hatte mit kaum zwanzig Jahren doch tatsächlich ihre persönliche Gemäldesammlung begonnen! Scham und Verblüffung gärten in mir, als ich da neben ihr auf der unbequemen Pritsche lag, und ihr bei ihren Schulaufgaben half. »Sind wir Franzosen denn so anders?« fragte sie, und ich versuchte, ihr mein Entzücken begreiflich zu machen, das ich angesichts eines großen Schildes mit der Aufschrift *Défense d'uriner* vor der Abgeordnetenkammer empfunden hatte. Waren sie zu allem Überfluß auch noch Anarchisten? Kein Wunder, daß die Künstler der ganzen Welt sich in Frankreich wohlfühlten. Mein Entzücken verblüffte sie. Was denn bei uns vor dem Parlamentsgebäude, der Mutter aller Parlamente, geschrieben stehe, wollte sie wissen...?

Weder in Fragen der Ernährung noch in solchen der Kunst waren wir den Franzosen auch nur annähernd ähnlich. Ich entdeckte einen Artikel in der Zeitung, der mich aufklärte, daß es allein in Paris über sechstausend Sonntagsmaler aus allen Schichten der Bevölkerung gebe, die nur um des ästhetischen Vergnügens willen zum Pinsel griffen. Und wenn man längere Zeit im Lande lebt, stellt man bald fest, daß jeder Zentimeter unbenutzten Garagen- und Speicherraums im französischen Heim mit fertigen, bislang unverkauften Gemälden vollgestellt ist, die auf einen Platz an der Wand warten. Was daran so ermutigend ist, ist die Tatsache, daß diese Neigung wirklich allgemein verbreitet ist – es ist das Volk, das malt, nicht nur die Künstler. Die Handwerker, die einen ganzen Sommer damit beschäftigt waren, die Trümmer meines kleinen Hauses in den wasserlosen Garrigues nördlich von Nîmes aufzuräumen, wußten ausnahmslos um die Freuden der Malerei, auch wenn sie selbst keine Ausführenden waren. Für mich hatten Kunst und feine Küche immer zu den Privilegien gehört, die den Reichen vorbehalten waren. Die einfache Steinmetze aus Nîmes aber veranstalteten jedes Wochenende eine Freßorgie mit ihren Familien, jedesmal in einem anderen Restaurant, und sie behaupteten stolz, daß die übrigen Handwerker der Stadt es ebenso hielten. Sie aßen wie die Leistungssportler, und wenn die Restaurants nicht gut oder zu teuer waren – also, da brauchten sie nur mit dem Finger zu schnippen, um ihnen das Geschäft zu verderben! Es war eine angenehme Überraschung, zu sehen, daß die Qualität von Brot, Wein und sonstigen Nahrungsmitteln keine den Snobs oder den Reichen vorbehaltene Marotte war, sondern vom gesamten Volk gefordert wurde. In dieser Hinsicht waren meine Landsleute doch rechte Banausen. Für uns galten *Grande Cuisine* und edler Wein als „Oberklasse". Nicht so hier.

Ein gepflegtes Essen ist nicht die Domäne der Reichen. Ich erinnere mich an ein anderes kleines Erlebnis, das auf mich Eindruck machte. Es war mitten im Winter, als ich in einem kleinen Hotel bei Fontaine-de-Vaucluse ein wenig zu spät zum Abendessen erschien. Die einzigen anderen Gäste waren zwei Automechaniker aus Avignon mit ihren Frauen oder Schwestern – es war nicht auszumachen, wie sie zueinander standen. Das kleine Hotel war eines der teuren und für seine erlesene Küche bekannt.

Und siehe da, als ich hereinkam, war die Geschäftsführerin gerade dabei, die Tischrunde zu überreden, sie möchten doch die letzten vier Portionen Wild probieren, das auf der Speisekarte stand. Es sei so delikat, sagte sie in flehentlichem Ton, eine so seltene Köstlichkeit, wie sie sie vielleicht nie mehr kosten würden. Warum sie es nicht damit versuchten? Die Begeisterung ihrer Gäste war unverkennbar, aber sie waren nicht wohlhabend und erkundigten sich zögernd nach dem Preis der Portionen. Dann leerten sie ihre Taschen und zählten gewissenhaft ihr Geld ab, ehe sie sich zugunsten des Abenteuers entschieden – denn das war es. Es war ein ästhetisches Abenteuer, das obendrein mit dem Genuß eines passenden Weins verbunden war. Die ganze Sache wurde mit großer Sorgfalt kalkuliert, und ihre sachliche Beurteilung des Gerichts war durch und durch professionell. Dabei waren alle vier höchstens Mitte zwanzig, und Leute von bescheidenem Stand. Ich konnte nicht umhin, mir an ihrer Stelle zwei englische Automechaniker mit ihren Frauen vorzustellen... Ein Verhaltenskontrast, der viel über den Charakter einer Nation verraten würde!

Ein weiteres Beispiel: Als Bernard Miche die stillgelegte Teppichfabrik in Sommières übernahm und beschloß, sie zum Restaurant umzubauen, konnte er kaum kochen. Aber mit Fleiß und eifrigem Studium machte er einen großartigen Koch aus sich. Er stellte grundsätzlich nur Leute ein, denen es mit einem Beruf in der Gastronomie ernst war. Ganz am Anfang, als er noch unerfahren war, erzählte er mir, daß er mit seinen Mitarbeitern – zwei Jugendlichen von sechzehn und achtzehn Jahren und einem Beikoch – eine gemeinsame *cagnotte* (eine Spardose) bestückte. Sobald sie voll war, gedachten sie mit dem Auto nach Lyon zu fahren, um ein paar Tage lang die Meisterwerke des bedeutenden Kochs Pombal zu probieren und ihm die Geheimnisse der hohen Küche zu entlocken. Es war, als wollten sie den Hohepriester konsultieren, und das gesamte Team war sich in seinem Eifer, seiner Inbrunst einig. Nach ihrer Rückkehr sprachen sie mit Ehrfurcht von dem ganzen Besuch, als hätten sie eine Audienz beim Papst erlebt! Und tatsächlich gehörten sie dank der paar Worte des Rates, die der Meister fallengelassen hatte, wenn man so sagen darf, nunmehr zu den Eingeweihten. Sie hatten gelernt, daß Rezepte für alle da waren und daß es keine Geheimnisse gab, daß aber jeder Meister seinen eigenen Stil hatte und dem Rezept seinen eigenen Charakter und seinen persönlichen Akzent verlieh, seine persönliche Note. Im Falle Pombals war es nur eine Frage von Zeit – er hatte die Garzeit seiner Gerichte verlängert und die Geschwindigkeit des *cuisson* verringert, mit der Erklärung: »So sind sie sind mehr von meinem Geist durchdrungen als hastig zubereitete Gerichte. Zeit ist der Schlüssel.« Bernard leuchtete dieses Prinzip ein, und er begann ebenfalls sein Zubereitungstempo zu verändern. Ein kleines Wort, und schon war alles anders.

Nicht umsonst befinden wir uns hier im Reich der Kunst, des Schöpferischen. Ich muß dabei an den Mystiker denken, der nach dreißig Jahren Studium und Selbstkasteiung endlich die Kunst der Levitation gemeistert hatte. Er ging, um seinem Guru für den Erfolg zu danken. Der weise Alte gratulierte ihm herzlich zu dem Sieg und meinte: »Was für wunderbare Neuigkeiten. Ich bin voll des Lobes für dich. Aber nun sage mir eines: Kannst du auch davon absehen?« Nur ein paar Worte – aber sie offenbaren den Lichtstrahl einer überlegenen Seele, einer überlegenen Vision, und erhellen das ganze Feld eigenen Bemühens.

Das schlichte Geheimnis lautet, daß Kochen in Frankreich zu den Künsten gehört wird und daß ihm der gleiche Respekt entgegengebracht wird wie der Begabung zum Malen. Die eigentliche Freude und Bereicherung für einen Künstler, der in Frankreich lebt, ist jedoch das Gefühl, daß die ganze Bevölkerung insgeheim in die gleiche Debatte mit sich selbst verstrickt ist – nämlich die, wie man mehr aus dem Leben macht als bloß zu Existieren.

Einmal mußte ich in einem Café in Nîmes auf jemanden warten und machte mir auf der Rückseite der Rechnung derweil einige Notizen. Als es Zeit wurde, zu gehen, bezahlte ich brav beim Kellner, der daraufhin ohne Nachdenken die Rechnung zerriß. Dann wurde er meiner Kritzeleien auf der Rückseite ansichtig und erbleichte. »Quelle horreur«, rief er. »J'ai détruit vos brouillons,

Monsieur!« Ich dachte schon, er würde mir vor die Füße fallen und sie in qualvoller Reue umfangen. »Wie entsetzlich! Ich habe ihre Entwürfe zerstört!« Für ihn war es selbstverständlich, daß ich auf der Rechnung ein Gedicht skizziert hatte, und er hatte es aus Versehen vernichtet!

Dieser Gesichtspunkt ist es wert, hervorgehoben zu werden, denn er ist einer der Schlüssel zur Weltanschauung der Franzosen, zum gallischen Charakter, einer der einschneidensten Unterschiede zwischen ihnen und uns, den Angelsachsen. Nirgendwo findet sich eine genauere und anschaulichere Illustration dieses grundlegenden Unterschieds als in den Schriften Stendhals, in der wunderbaren Schilderung seines Zusammentreffens mit dem angebeteten Byron. Er hatte diese Begegnung herbeigesehnt und sich viel davon versprochen. Als Künstler dem Meister ebenbürtig, war er sich über die Bedeutung Byrons im klaren, über das Format seines spirituellen Profils, könnte man sagen. Doch es ging alles schief. Byron benahm sich ungeschickt, ausgesprochen eingebildet und herablassend, und der französische Dichter war fassungslos und verletzt. Dennoch versuchte er, über seine persönliche Kränkung hinwegzusehen und die Gründe zu analysieren, und er gelangte zu dem Schluß, daß der Engländer mehr daran interessiert war, ein Lord als ein großer Dichter zu sein. Der Snob und der Dandy schienen sein Herz zu regieren, nicht der überragende Dichter, den Stendhal so bewunderte. Wie anders war da die französische Auffassung – ein Dichter war schon von der Konzeption her beinahe ein Heiliger. Ein Lord zu sein, war romantisch und amüsant und half im Umgang mit dem schönen Geschlecht, ging aber nicht sehr tief. Das gleiche gilt in Frankreich noch heute – das Wort Kunst liegt schwer auf der Waagschale. Es nützt sogar, wenn man es mit einem schwierigen *douanier* oder Beamten der Einwanderungsbehörde zu tun hat, und das unterscheidet Frankreich – weiß der Himmel! – von allen anderen Ländern, die ich je kennengelernt habe.

* * *

Und die Provence? Jérôme: »Selbst die Provence hat nie ganz und gar in einer einzigen Form existiert. Die römische Provincia hat sich im Lauf der Geschichte mal erweitert, mal zusammengezogen. Sie ist eher eine Idee als ein konkreter Ort. Das werden Sie schon bald selbst feststellen.«

Die Provence ist kein konkreter Ort! Sie ist keine separate Einheit mit festen Grenzen und einer eigenen, selbst realisierten Seele wie, sagen wir, die Schweiz. Sie ist eine schöne Metapher, geboren aus Cäsars Ungeduld gegenüber einem geographischen Korridor, der vollgestellt war mit den Ruinen von hundert Kulturen, hundert Völkern und Stämmen, hundert Heeren. Die launischen Flüsse, die ihn durchzogen, traten oft über die Ufer und hemmten die Bewegungsfreiheit von Regimentern und Handelskarawanen. Nachdem die römischen Straßen angelegt waren, trugen sie viel zum Zusammenhalt der Region, zur Klarstellung der wesentlichen Prinzipien und Neigungen ihres inneren Seins bei, ihrer wahren Seele, die man mit dem Wort Dissens umschreiben könnte. Natürlich ist es kühn, sich solcher Begriffe zu bedienen, man könnte leicht als Phantast gelten, aber selbst ein kurzer Aufenthalt hier wird einen überzeugen: Wenn vieles von der historischen Seite der Provence häufig paradox erscheint, liegt das am Übereinander verschiedener Kulturen, die sich alle langsam dem Geist des Ortes annähern, aber mit unterschiedlicher Geschwindigkeit. Die mächtigsten und beständigsten Kulturen, darunter auch die römische, haben mehr Relikte hinterlassen, anhand derer wir ihren Lebensstil entziffern können. Doch bilden diese nur eine Schicht, unter der wir auf die Überreste der Sarazenen und Griechen stoßen, während die Schäfer von heute mit ihren Gepflogenheiten nach wie vor die Steinzeit anklingen lassen. Diese Reste, die hartnäckig konstant und offensichtlich nicht zu tilgen sind, sind unübersehbar. Lange Wurzeln reichen bis in die griechische und römische Geschichte zurück, und natürlich über diese großartigen Kanäle auch in die mediterrane Welt als kulturepische Form – ein Meisterwerk der verwirklichten Erinnerung. Es ist eher emblematisch als metaphorisch, eher Poesie als Prosa! Und im Herzen seiner historischen Veränderung liegen eine Kontinuität und Konsistenz, die die ehrwürdige Kraft dieser Hügel und Flüsse beweisen, den Menschen zu biegen und in eine originäre Gedankenform einzupassen – der Ort selbst drückt sich in Körper und Geist aus, wie sich der Bildhauer im Ton ausdrückt, den er verarbeitet, im Stein, den er zurechtmeißelt. Man kann sich Cäsar und Frédéric Mistral als geistesverwandt vorstellen, als im Gesamtgefüge der stürmischen Geschichte des Landes genau hier und nirgends sonst am rechten Ort.

Aus rein historischer Sicht bemerkenswert erscheint die lange Aufrechnung gewalttätiger und dramatischer Ereignisse, die dieses Land der grünen Lichtungen und stattlichen Wälder kennzeichnet, ein minderes Paradies, wenn es je eines gegeben hat. Und doch haben es Goten, Franken, Wandalen, Sarazenen und alle möglichen anderen Invasoren dem Äußersten ausgesetzt, Plünderung, Zerstörung, ja nacktem Krieg. Es war, als sei seine Schönheit zuviel für sie gewesen, als seien sie darüber rasend geworden. Sie trampelten nieder, was sie nicht ertragen konnten. Man denkt dabei an Karl Martell, der im achten Jahrhundert die Arena von Nîmes mit Holz füllte und in Brand stecken ließ, in der vergeblichen Hoffnung, dies herrliche römische Siegeszeichen in Schutt und Asche zu legen – zum Glück vergebens, doch die Spuren seiner Feuer sind heute noch zu sehen. Was auf Erden mag ihn besessen haben, daß er so etwas befahl, etwas, das in seiner völligen Sinnlosigkeit so niederträchtig war? Und er ist keineswegs der einzige: Andere haben Schlimmeres verbrochen.

Dazu fällt einem sogleich die stolze Aufzählung römischer Gebäude der Provence im *Calendau* ein, dem schönen Gedicht von Mistral; doch der Dichter erwähnt nur die erhaltenen römischen Arkaden in Orange, Carpentras, Cavaillon, St-Remy und St-Chamas, ehe er seine Aufmerksamkeit dem gigantischen Aquädukt zuwendet, das wir die Pont du Gard nennen – dem mit Sicherheit malerischsten aller Monumente und der Krone des Römertums in diesem honigsüßen Land. Dagegen übersieht er jene, die vom Menschen zerstört wurden, zum Beispiel die drei Arkaden von Arles, den bewundernswerten Konstantinsbogen und schließlich die Brücke, die erst 1839 zerstört wurde ... Wenn man sich auf die Zahl der römischen Theater, Monumente, Tempel und Arkaden besinnt, die in der Provence heute noch zu sehen sind, weiß man, wie gründlich die ganze Provinz romanisiert worden sein muß. Kein Wunder, daß sich Mistral, dieser historischen Verbindung gewahr, in einem anderen Gedicht rühmen konnte, daß die Männer der Provence »gallische Römer und vornehme Herren« seien! Im Gegensatz zu vielen anderen Invasoren kam Rom stets in der festen Absicht zu bleiben. Man konnte ohne das sichere Gefühl, mindestens ein halbes Jahrhundert Frieden vor sich zu haben, nicht mit der Arbeit an einem Monument wie den genannten beginnen. Zeit muß für diese Leute von der ruhigen Gewißheit einer reichen Zukünftigkeit erfüllt gewesen sein, ungeachtet aller bösen Vorahnungen, die die Vandalen auslösten, indem sie vor den Toren des Reichs herumlungerten. Zeit, um in Quaderbauweise mit diesen gewaltigen Steinbrocken zu bauen, die ohne Flaschenzüge in die Lüfte erhoben und so geschickt und sicher aufeinandergepaßt wurden, daß sich Mörtel erübrigte. Die schiere Größe und Gewichtigkeit von Gebäuden dieser Art sind einschüchternd, gerade weil solche gewaltigen Bauten von der Intention her populär und volkstümlich sind, also nicht zu Religions-, Begräbnis- oder Denkmalszwecken errichtet wurden. Die Aquädukte leiteten Wasser in die Städte, die Arenen waren Orte der Unterhaltung, nicht der Andacht. Sie brachten dem Volk die Philosophie von Brot und Spiele nahe, die gewährleistete, daß es sich zivilisiert benahm und denen gehorchte, die es regierten. Nein, Cäsar war nicht zynisch, denn diese Philosophie war eine berechtigte Einschätzung der Beschränkungen und der Fähigkeiten des gewöhnlichen Wählers. Sie trifft auf uns heute zu; der gleiche Wirrwarr anarchischer Impulse und heftiger unterbewußter Sehnsüchte wird heute durch die erotische Gewalt des Kinos im Zaum gehalten – das heimliche Surrogat und Alibi des Mordes!

Einmal, ein einziges Mal gelang es mir, meinen Freund Jérôme zu überreden, sich der Erniedrigung motorisierter Fortbewegung auszusetzen – um La Turbie zu besuchen, jenes seltsam wirre Monument, das die Grenze des römischen Galliens markiert. Es steht auf einer kleinen Akropolis gar nicht weit von Monte Carlo entfernt. Der ganze hoffnungslos zivilisierte und blasierte Küstenstreifen der Côte d'Azur war Jérôme natürlich ein Greuel. Sie war der Zivilisation, der er sich zu entziehen versuchte, viel zu nah; er hielt sich lieber in den entlegeneren, unerschlossenen Gegenden der Regionen Vaucluse und Gard auf, was ich ihm nicht verübeln konnte. Immerhin verbrachten wir ein, zwei Stunden in Wind und Regen dort auf dem dramatischen Felsvorsprung und durchstreiften die Überreste eines der eindrucksvollsten Denkmäler der Antike, um 6 v.Chr. zu Ehren von Augustus errichtet und strategisch in szenographischer Pracht auf einem hohen Auswuchs an der Via Julia Augusta postiert, jener Küstenstraße, die nach der lange erwarteten Befriedung der Alpen im Jahre 12 v.Chr. für eröffnet erklärt worden war. Man hatte in einer langen Reihe bewußt angezettelter Kampfhandlungen schwer darum gerungen und war sich vollauf im klaren, daß die letzte Schlacht alle vorherigen (25, 16, 15, 14 v.Chr.) und die damit verbundenen bitteren Verluste an Menschen und Material rechtfertigte. Sowohl die Größenordnung als auch der Standort des besagten Siegesdenkmals brachte Roms Stolz auf das ganze Abenteuer zum Ausdruck, während die goldenen Lettern der in Stein gemeißelten Würdigung die vierundvierzig bezwungenen Bergvölker nannte und kundtat, daß sich die hiermit befriedete Landmasse zwischen dem Oberen und Unteren Meer (dem adriatischen und dem tyrrhenischen) erstrecke. Der Transport von Konsumgütern, Erzen und anderen Kostbarkeiten stromaufwärts und -abwärts auf der Rhône aber verband Rom mit Paris und dem Ärmelkanal. Das großartige Siegesdenkmal von La Turbie feiert diese Verbindung und bleibt trotz seines zerschlagenen, wirren Zustandes eindrucksvoll und bewegend. So jedenfalls empfand ich es. Und was die Provence angeht, sollten wir uns an den Gedanken gewöhnen, daß sie trotz ihres mediterranen Herzens und all ihrer Donquichotterien schließlich doch ein Teil Frankreichs ist. Wie ist es dazu gekommen?

Die Flüsse der Welt haben das bewirkt, denn sie sorgten für einen Weg, einen fliegenden Teppich für Seeleute, Entdecker und Händler, ein ganzes Transportsystem für die Ein- und Ausfuhr. In sicheren, günstig gelegenen Winkeln wurden Kontore gegründet, um Waren für den Tauschhandel zu lagern – Marseille nahm so seinen Anfang. Und tatsächlich ließe sich die Geschichte Frankreichs rund um seine nördlichen wie südlichen Flüsse schreiben, ganz zu schweigen von den großen Städten an den Flußmündungen. Der Schlüssel zur Provence ist in dieser Hinsicht die Rhône – ein Fluß der Dichter, wenn es denn je so einen gegeben hat – und ich denke nicht nur an Mistral, den provenzalischen Dante, dessen historische und linguistische Bedeutung ihn zum führenden literarischen Repräsentanten provenzalischer Wesensart macht – ähnlich dem, was Tagore für die indische Wesensart bedeutet. (Es ist kein Zufall, daß beide Dichter nicht nur für das, was sie im einzelnen schrieben, sondern auch für das, was sie verkörperten, mit dem Nobelpreis ausgezeichnet wurden.)

Der Weg war nun frei für die Fortführung der römischen Expansion nach Norden, nach Mitteleuropa. Das Standbild des siegreichen Augustus wachte zuoberst von der Spitze einer Pyramide darüber – Teile der wahllos auf dem Gelände verstreuten Trümmer haben gar einige veranlaßt, zu vermuten, daß dem gesamten Komplex ein Leuchtturm aufgesetzt gewesen sein könnte. Heute jedoch ist das Denkmal schrecklich verwahrlost, denn die Bruchstücke wurden bloß irgendwie zusammengestückelt, wobei jeglicher Zusammenhalt verloren gegangen ist. Man findet hier einen Gefangenen in Ketten, da einen Krieger mit erhobenem Schwert, einen mit Girlanden bekränzten Helm neben einer gegürteten Tunika samt Schwert ...

Auch die betroffenen Stämme sind verschwunden, aufgegangen im Nebel der Geschichte. Was bleibt, ist das Land mit seinen Schönheiten und seiner Verschwiegenheit. Mein bärtiger Gefährte äußerte keine derartigen Empfindungen und wirkte nur zutiefst verstört von der räumlichen Nähe der Tummelplätze Nizza und Monte Carlo. Ja, aber Jérôme befand sich auch in den Fängen jener unflexibelsten aller Schlangen, der Erinnerung. Sein schwarzbraunes Auge schweifte mit unstillbarer Nostalgie über die mit Sonnenlicht gesprenkelten Alpilles. Er schien auf der Suche nach dem Schatten seines jugendlichen Ichs, das vor langer Zeit dem Impuls gefolgt war, Paris und allem, was es beinhaltete, zu entsagen und sich mit einem gebrauchten Fahrrad auf den Weg in den Süden zu machen ... Alles verändert sich zum Schlechteren, schien seine Haltung zu sagen; ich habe zwar keinen Grund, diesem Gedanken zu widersprechen, doch macht es das Leben ein wenig lebenswerter, wenn man darin Platz findet für eine nachsichtigere Auffassung vom Hier und Jetzt.

Wenn Jérôme einen festen Punkt hatte, von dem aus er das ganze Thema Provence beurteilte (das trotz des aufgegebenen Buchprojekts allgegenwärtig, immer in der Mache ist), dann ist es die oft beschworene *pérennité des choses*, das Gefühl, daß sich die Geschichte endlos wiederholt, daß sie nicht als chronologisches Band, in linearer Form voranschreitet, sondern mit folgenschwerer Gleichzeitigkeit. Die Form mag sich ändern, doch der Inhalt scheint kaum zu variieren. Dies war ein Glaubenssatz, der es Jérôme erlaubte, die Geschichte des Landes als eine Art Schattenspiel zu sehen, eben weil die Provence ein schlichter Korridor ist, durch den auf dem Weg zu anderen Stätten einst ganze Völker eilten. Ja, aber unter alledem hat die Region einen eigenen Charakter, der den Eindringling zu verändern beginnt, wenn er nur lange genug verweilt, der anfängt, seine Empfindungen zu prägen und seine eigene verborgene Weisheit auf ihn zu übertragen.

Stierkult

Der Winter kann in diesem unbeständigen und abwechslungsreichen Klima lang und trist oder kurz und brutal sein; wenn es auf dem Mont Ste-Victoire oder Mont Aigoual zu schneien anfängt, kann sich das hinziehen, als wäre das Ende der Welt gekommen. Aber schließlich klart die Witterung auf, die Flußbetten werden ihr Eis los und die Welt scheint ihre schlafende Wange einem noch unsichtbaren, aber lockenden Frühling entgegenzustrecken. Das wahre Zeitzeichen, das sein Eintreffen belegt, geben jedoch die Pfingstfeuer im Juni, die Feiertage mit der berühmten Féria, die die Stierkampfmanie des tiefen Südens nach Arles und Nîmes bringt. Bei den *corridas* werden beide Formen des Stierkampfs geboten, die spanische ebenso wie die französische, und auch der Oper, der klassischen Musik und dem Jazz wird dort gebührende Ehre erwiesen, wo es ihnen zusteht – in den großen goldenen Arenen von Nîmes und Arles. Es ist ein echter Ritus nach heidnischem Vorbild, dieses erste offizielle Bekenntnis zum Frühling, außerdem ist es auch heute noch eine wunderbar ausgedehnte Orgie mit festlicher Musik, Theater und Spielen, denn ganz Paris kommt angereist, um das frühe Sonnenlicht zu genießen – sei es als Zuschauer oder als Akteur. Und zu allem Überfluß erscheint auch noch ganz Spanien: Wochenlang sind die Straßen im Süden voller Lastwagen, die die riesigen iberischen Stiere zum Opfertod der *corrida* heranschaffen, und Stierzauber, Stierkult liegt in der Luft. Arles ist voller Zigeuner, Nîmes voller Gitarrenensembles verschiedener Glaubensrichtung und Provenienz – aus Afrika, Hawaii, Réunion, Brooklyn, Polynesien... Und alles dauert die ganze Nacht! Musik und Blut bringen eine Saite zum Klingen, die irgendwie die ersten Kirschen und Aprikosen verkörpert, und die Dörfer füllen sich mit dunkelhäutigen Gästen – Hilfsarbeitern für die Ernten, die noch einzufahren sind: Spargel, Mispeln, Maulbeeren. Und natürlich füllen sie sich mit Dichtern, sogar amerikanischen Dichtern: Kritikern der Zivilisation, deren Michelangelo Andy Warhol heißt. Macht nichts: Das Fest ist römisch in seiner Vielfalt und läßt alle menschlichen Befindlichkeiten zu.

Klar ist, was wie Klarheit wirkt,
Nur unser Traum Verwirrung birgt!

Das gilt erst recht für die transzendentalen und hellseherischen Elemente unter afrikanischen Handlesern, Wahrsagern und Kartenlegern!

STIERKULT 53

Wenn man sich hier niederläßt, empfindet man den allgegenwärtigen Stierkult des Landes zunächst als eher fehlgeleitete Neigung, aber es dauert nicht lange, bis einem diese archetypische Form durch ihre Schönheit und lebendige Teilhabe an den Aktivitäten der Menschheit Sympathie abnötigt. Sie hat auf unverkennbare Art den Bannspruch ihres gehörnten Mysteriums über das Leben der Menschen verhängt. Dabei kommt es nicht darauf an, ob von den riesigen iberischen Stieren die Rede ist, die kommen, um nach spanischem Ritual getötet zu werden, oder von den hurtigen kleinen Tieren der Camargue, die für ihre Tapferkeit und Schlauheit berühmt sind. Sie werden nicht getötet, sondern von den jugendlichen, weißgekleideten Kämpfern, *razeteurs* genannt, deren einzige Waffe eine Art Metallkralle ist, ein *razet*, ihrer Kokarden und Bänder beraubt. Diese kleinen Tiere sind voller Individualität. Man sieht sie im Winter, als wären sie arbeitslos, untröstlich über die Felder streifen; aber sobald das gute Wetter wiederkehrt und die Saison anzufangen verspricht, werden sie lebhafter und sind gern bereit, ein paar harte Worte mit jedem Jüngling zu wechseln, der es wagt, sie zu reizen. Das kann jede nur erdenkliche Form annehmen: Manchmal setzt es sich ein zu Streichen aufgelegter Hund in den Kopf, eine Attacke vorzutäuschen, und der Stier geht auf das Spiel freudig ein. Oder ein angeheiterter Dorfbewohner befördert mit einem Fußtritt ein Weinfaß in die Arena und stachelt den Stier dazu auf, eine improvisierte Runde Fußball zu spielen. Wenn sie gerade nicht für den Stierkampf zusammengetrieben werden, ziehen diese schönen Geschöpfe frei umher wie Botschaften aus der Steinzeit – als wären sie den Höhlenmalereien des Aurignac-Menschen entsprungen und hätten nur für den saisonalen Sport Gestalt angenommen. Wolken safrangelber, brauner und kohlschwarzer Tiere rufen in den entlegenen Regionen der Languedoc ein Echo von Poesie hervor, das uns zurück versetzt ins Zeitalter des Steins, ins Zeitalter des Eisens. Der Stierkult hat einen quasi religiösen Ritus, der sich wohl als Spiel geriert, ja, aber als irgendwie weihevolles Spiel, das seine Wurzeln tief in der lächelnden Frömmigkeit des französischen Midi hat. Der Reiz, den er auf uns ausübt, entspringt einer wer weiß wie alten Quelle in unserem Innern. Der Stier war einst ein heiliges Opfertier. Mein Verdacht geht dahin, daß man ihn früher, nachdem er dem jeweiligen Gott oder der Göttin geopfert worden war, feierlich aufgeteilt hat, woraufhin sich das ganze Dorf eifrig darüber hermachte und ihn unter gebührenden Trankopfern verspeiste.

Die ganze Geschichte des Stiers und der Länder des Stierkults hat ein ausführlicheres Studium als diese Anmerkungen verdient. Mir dienen sie dazu, die Aufmerksamkeit auf eine entscheidende Triebkraft der Region zu lenken. Niemand scheint zu einer Entscheidung über die Ursprünge des Kults und seine enge Verbindung mit der Geschichte des Tieropfers fähig zu sein, obwohl es an brauchbaren Dokumenten zum Thema nicht mangelt. Ja, der Stier ist ein ehrwürdiges Symbol für den Animisten und den Alchemisten. Seine Position im Tierkreis entfällt auf die Zeit zwischen 20. April und 21. Mai. Außerdem fühlt man sich erinnert, daß man ihn im Nahen Osten oft vor den Pflug gespannt gesehen hat, und zwar nicht immer kastriert. Es ist eine rein akademische Frage, ob der moderne Stierkampf nicht ein Überbleibsel ist, das sich einer antiken Form des Blutkults aufgepfropft hat. Der nämlich sah vor, daß der Stier, nachdem er geopfert worden war, von einer aufs nackte Überleben bedachten primitiven Gemeinschaft verzehrt wurde. Als dieser Kult dann mit dem primitiven Christentum in Berührung kam, wurde er zum gottesdienstlichen Ritual veredelt. Aber halt! War nicht der Stier ursprünglich gleichbedeutend mit Zeus und der wichtigste Schutzpatron des Mithra-Kults? Die Verbreitung und Ausübung dieser primitiven Religion ist einer der ungewöhnlichen historischen Faktoren, der auf die alte Provence eingewirkt hat; das römische Heer führte sie ein und etablierte sie so erfolgreich, daß es auf Messers Schneide stand, ob sich der Mithra-Kult nicht gegenüber dem Christentum durchsetzen würde.

Es ist merkwürdig, daß wir, obwohl diese zweifache historische Verbindung mit dem Stierkampf (der spanischen *corrida* ebenso wie dem sogenannten *course libre*) bekannt ist, hier überwiegend auf leere, unerforschte

Zonen der Ignoranz stoßen. Die spanische Version des Spiels ist zutiefst respektabel und wird fromm in gigantischen romanischen Arenen ausgetragen, die von der Größe her ideal sind. Die Verbreitung des Stierkampfs im spanischen Stil hat übrigens große Veränderungen durchgemacht. Zeitweise war er auf die ummauerten mittelalterlichen Städte beschränkt, die groß genug waren, um dem ganzen kunstvollen Spektakel Platz zu bieten. Es ist schriftlich belegt, daß er eine Weile an ungewöhnlichen Orten florierte – in Besançon, Mâcon – und nach einer Saison oder zwei an Beliebtheit verlor. Der spanische Stil des Stierkampfs wird jedenfalls gefördert, und das barocke, ritualisierte Morden der großen andalusischen Stiere zählt zu den packenderen Schauspielen, die der Süden zu bieten hat. Aber nur wenige Stierkampfarenen sind groß genug, um dem komplizierten Spektakel wirklich den Raum zu geben, den es benötigt. Der beste große Kampfplatz nach Arles ist der in Nîmes, wo der *mise à mort* immer willkommen war; er hat mit seinen professionellen Veranstaltungen die Anerkennung des spanischen Publikums erworben, und der moderne Toreador von Rang findet es selbstverständlich, die Grenze zu überqueren und in Nîmes zu »gastieren«. Heutzutage wird er dadurch Ansehen gewinnen, nicht verlieren. Für den *course libre*, der von einem freilaufenden Stier und einem rennenden Mann abhängt, sind die romanischen Arenen ein wenig zu groß und bieten dem Stier oft einen zu großen Vorteil gegenüber dem sprintenden, weiß gekleideten Kämpfer mit dem *razet*: Der junge Mann muß, nachdem er mit einem hohen Satz nach der Kokarde gehascht oder die an den Hörnern befestigten Bänder durchtrennt hat, notgedrungen kehrtmachen und sich vor dem Stier in Sicherheit bringen. Er entkommt auch so nur mit knapper Not. Sein schneller und weiter Sprung über die Barrikade, der bis in den Himmel zu reichen scheint, ist wirklich aufregend; denn während er sich wie ein aus dem Nest gefallener Vogel an das Geländer klammert, das die Arena umgibt, senkt der aufgebrachte Stier seine Hörner und fängt an, die Arena auseinanderzunehmen, indem er die Planken am Rand der staubigen Rings in einer herrlich klappernden Kaskade durch die Luft sausen läßt. »Aha!« schreit die jubelnde Menge, »schlecht gelaunt, wie?« Ist das Tier temperamentvoll, bläst ihm die Kapelle einen eigenen Tusch durch die in den Bäumen hängenden Lautsprecher und die heisere Stimme des Sprechers verkündet, daß der Preis für die Kokarde gestiegen sei. Er würdigt damit die besondere Gefahr, in die sich der Mann begeben hat. In den letzten Jahren hat sich der Berufsstand des *razeteur* stabilisiert, so daß man damit tatsächlich seinen Lebensunterhalt verdienen kann. Es wurden feste Regeln eingeführt, und die Qualität des Spiels mit dem Stier hat sich entsprechend gebessert und ist eleganter geworden. Jeder, der es wagt, kann sich dafür melden. (Der Dichter Roy Campbell lebte mehrere Jahre als *razeteur* in der Provence und hat uns eine Reihe großartig kraftvoller Gedichte über das Spiel sowie ein geistreiches Prosawerk mit dem Titel *Taurine Provence* hinterlassen, das immer noch Geschmack und Würze hat, obwohl es nicht mehr ganz auf der Höhe der Zeit ist.)

Die bescheidenere Welt des *course libre* ist der Provence lieb und wert – eine echte Probe jugendlicher Wendigkeit und Kraft und ein Spiel voller Gefahren für die Unachtsamen. Denn obwohl die schwarzen Kampfstiere der Camargue klein sind, tragen sie eine große, tödliche Hörnerkrone. Außerdem haben sie den Menschen gesehen und draußen auf dem Feld sein Verhalten beobachtet, lange bevor sie ihm im Ring gegenüberstehen. Sie sind schlau wie Hunde. Für den großen spanischen Stier, dessen Kampf tödlich endet, ist das anders, denn der erste Mensch, den er zu sehen bekommt, ist der Toreador mit dem Cape, der ausgesandt wird, ihm den Garaus zu machen. Er hat keine Kampferfahrung in Bezug auf den Menschen. Dagegen lebt der kleine Camargue-Stier mit den Hirten in freier Natur und wird nach jedem Kampf dorthin zurückgeschafft. In ganz kurzer Zeit wird so aus einem mutigen kleinen Stier, der erkennt, daß man ihn nicht töten, sondern nur um seiner Kokarde willen jagen wird, ein erfahrener, listiger Gegner. Und da er einen eigenen Namen hat, macht er in der Sportwelt mit der Zeit Karriere. Mehrere dieser Stiere haben soviel Tapferkeit, Energie und Einfallsreichtum bewiesen, daß sie nach ihrem

Tod mit einem Standbild auf dem Dorfplatz unsterblich gemacht wurden – wie »Sanglier« zum Beispiel, der in Villevieille gütig über die Felder blickt. Die spanische Kampfform mit ihren schwerfälligen Stieren und dem feierlich liturgischen Ritual hat eine besondere Stimmung, aber der *course libre* atmet die ganze Poesie und Kraft der Jugend, da er seinen Ursprung im Land hat. Neben dem geruhsamen Boulespiel, dessen klickende Metallkugeln die schattigen Waldpfade und Esplanaden erfüllen, ist der Kampf um die Kokarde die typischste Aktivität, die es in der heutigen Provence zu studieren gilt, ein höchst erfreuliches Spiel im Freien, erstrahlend im Feuer des Stierkults. Im großen und ganzen aber bestehen beide Kampfarten unbeschadet nebeneinander, und für beide gibt es ein treues Publikum.

Ja, der Stierkampf nach den Regeln der Camargue ist schnell und für den Menschen recht gefährlich, vermittelt aber das seltsame Gefühl, fröhlich und sportlich zu sein – selbst der Stier scheint darauf einzugehen, und obwohl es manchmal zu einem Unfall oder gar Todesfall kommt, hinterläßt die Poesie des *course libre* einen nach ländlichen Kriterien humanen Eindruck. Er ist ein Sport, während die spanische Kampfart ein Ritual ist, ein bedeutendes Erlebnis, das oft das Blut erstarren läßt.

Obwohl beide Formen des Stierkampfs Ansehen genießen, gab und gibt es Leute, denen das spanische *mise à mort* mit seiner furchtbaren Degenschwingerei und makabren Poesie zuviel Blutvergießen bedeutet. Andere ziehen es vor, zu glauben, daß der Stier kaum etwas spürt, wenn ein guter Matador gegen ihn antritt, der die Wissenschaft des Tötens respektiert. Ob das stimmt, weiß man nicht. Aldo neigt dazu, den üppigen spanischen Stil des Stierkampfs in Schutz zu nehmen, indem er sagt: »Wer nie verlangt hat, daß ihm sein Beefsteak *bien saignant* serviert wird, der werfe den ersten Stein!« Und natürlich findet sich kaum einer, der diese Herausforderung anzunehmen vermag.

Ebenso grausig wie aufschlußreich sind die blutdürstenden Publikumsäußerungen, die man in Spanien erlebt. Solcherlei hysterisch stampfende, schluchzende Reaktion scheint einer eingefleischten Rachsucht des gemeinsamen Über-Ichs im Publikum zu entspringen, das eine geradezu übernatürliche Verbindung zwischen der Barbarei und der Poesie des Ganzen herstellt – als wolle es sich innerlich an den moralischen Wunden und dem rinnenden Blut der großen iberischen Stiere ergötzen. Denn sie gehen unweigerlich unter wie sinkende Sonnen im Ozean unerträglicher Spannung, die dem tödlichen Stich vorausgeht. Wankend, absackend lassen sie sich niederreißen wie alte Kathedralen, die ein Erdbeben in Schutt und Asche legt. Sie sinken zu Boden wie große schwarze Konzertflügel, sinken in einen See aus Blut und Finsternis. Nur selten brüllen sie, begegnen nur manchmal mit einem Stöhnen oder Schluchzen dem präzisen Stahl des Kämpfers mit dem Dreispitz auf dem Kopf, der sie umkreist und ausweichend seine Bahn um sie zieht, immer gerade außer Reichweite, mit flatterndem Cape, als wäre es eine Kornschwinge. Das ganze vorbereitende Spiel mit dem Cape, das sorgsame Anbringen der grausamen Haken der flatternden Banderillas an bestimmten Muskelpartien am Widerrist des Stiers soll ihn nicht nur ermüden, sondern auch zwingen, vor Erschöpfung das große gekrönte Haupt zu senken. Schließlich ist er soweit, den Kopf sinken zu lassen, und das legt ein entscheidendes Knochengelenk zwischen den kräftigen Rückenwirbeln des Tieres bloß, das sich inzwischen zur Hälfte verausgabt hat. (Aldo legt zur Veranschaulichung beide Fäuste aneinander und öffnet sie einen Spalt breit zwischen den Knöcheln.) Damit ist der Weg frei zum Herzen, und wenn der Stich »rein« ist, wie man so sagt, und wenn er richtig ausgeführt wird, dringt die Klinge durch den Spalt direkt ins Herz des Stiers, und er fällt tot um, als hätte man ihn erschossen. Das ist der berühmte »Augenblick der Wahrheit«. Um ihn herbeizuführen, muß der Matador sich so vorbeugen, daß er sekundenlang einem plötzlichen heftigen Stoß ausgesetzt ist, zu dem sich ein erschöpfter, aber temperamentvoller Stier aufraffen könnte. Er könnte versehentlich sterben, doch für das große bedrohliche Tier gibt es keine Gnade. Es ist etwas Schändliches, Trauriges an der Art, wie sein Leib und der jedes Pferdes, dem er im Lauf des Geschehens die Eingeweide herausgerissen hat, an den

Haken genommen und von den zwei Picadores, die dafür zuständig sind, durch den Staub gezerrt wird. So besiegt ist er zum bloßen Fleischbrocken herabgewürdigt. Gelegentlich wird ihm die gewaltige Rute abgesäbelt, wenn er einen seiner Gegner verletzt oder getötet hat. Meist sind es nur die Ohren und der Schwanz.

Genug! Mir fällt ein, daß Aldo, wenn jemand irgendwelche Ansichten äußert, die auf Abneigung gegenüber dem spanischen Stil des Stierkampfs schließen lassen, besorgt aufhorcht, denn das ist eindeutig gesellschaftliche Ketzerei und in der Provence fehl am Platz. Er legt einen Finger an die Lippen, um den Verstoß zu rügen und weist dann mit erhobenem Arm auf den Kamin, über dem eine herrliche Lithographie des Malers Zoravis (er war einst so berühmt wie Picasso) mit dem Titel *Letzte Wahrheit* hängt. Sie stellt den Tod eines Stiers bei einem spanischen *mise à mort* dar und scheint in konzentrischen Kreisen aus dem Blut des Tiers angelegt zu sein. Es ist ein Bild von hehrer, aber herzzerreißender Freude, und wenn das Thema angesprochen wird, wirft Aldo ihm jedesmal einen Handkuß zu. Ich muß erst noch dahinterkommen, ob er damit dem Können des Malers oder dem Thema des Werks Ehre erweist. Zoravis selbst hat sich über die Schönheit des Spiels geäußert und gesagt, daß es mit der Idee des sakramentalen Blutes, des Vaters und des Vatermordes verknüpft sei. Unzählige Freudsche Begriffe fielen einem beim Tod des Stieres ein, ein ganzes Glossar von Symbolen, die mit sexueller Macht (dem Blutritus) und dem Zerschlagen der Autorität des Vaters durch den Sohn zu tun hätten. Außerdem spiele per Assoziation die Bibelaussage vom Wasser herein, das in Wein verwandelt wird.

Vor langer Zeit verbrachte der Maler seine Sommer *chez* Aldo, daher die wertvolle Sammlung von Lithographien im Besitz meines Freundes. Zoravis bezahlte damit seinen Unterhalt. Was Wasser und Wein angeht, so war er dem letztgenannten nicht abgeneigt. Ich habe ihn manchmal ziemlich volltrunken im alten *Sabre* in Montparnasse gesehen, dem wohl einzigen Bistro außer *La Coupole*, das sich damit rühmte, jeden Wunsch erfüllen zu können, wie abwegig er auch sein mochte. Zoravis verlangte dort während seines Parisaufenthalts einen Becher Stierblut zu trinken, und der wurde ihm ordnungsgemäß für etwa zehn Uhr von der Geschäftsleitung versprochen. Zoravis war ein auffallend gutaussehender alter Mann, weder ordinär oder bohèmehaft, eher wie ein respektabler Diamantenhändler aus Smyrna, könnte man sagen. Er war auch kein lauter Gast, im Gegenteil: Er trank, in nachdenkliches Schweigen versunken, bis die Stunde nahte. Dann hob er den Finger, und der alte *maître d'hôtel*, dem man seine Besorgnis bereits ansah, rief mit heiserer Stimme: »Eh bien, où est le sang du maître?« Er trat vor die Tür, um den Horizont abzusuchen, spähte mit deutlicher Sorge die Straße hinauf und hinab. Dann endlich kam er in Sicht, der Becher des *cher maître*. Ein lederbekleideter Motorradfahrer machte vor dem Bistro halt und holte aus seiner Satteltasche einen hohen Flüssigkeitsbehälter – eine Thermosflasche voll dunklen, warmen Bluts. Sie wurde in eine makellose Serviette gewickelt und so zum Tisch des Malers gebracht, der sich mit Dank und einem Geldschein erkenntlich zeigte. Darin war offensichtlich ein Trinkgeld für den jungen Motorradfahrer enthalten, denn der bedankte sich herzlich, ehe er seine Schutzbrille wieder aufsetzte und verschwand. Und Zoravis trank bedächtig und wohlüberlegt unter den bewundernden Blicken der jungen aufstrebenden Maler von Montparnasse seinen Becher Blut. So, dachten sie, muß sich wahre Größe äußern! Kein Wunder, daß Zoravis so bekannt für seine Manneskraft war!

Aber natürlich war die wahre Manneskraft besonders deutlich in der großen Anzahl von Lithographien zu spüren, die er über mehrere Jahre auf der Féria von Arles nach dem Leben gemalt und im Musikzimmer mit der hohen Decke sowie in den dorthin führenden breiten, mit Teppichen ausgelegten Gängen aufgehängt hatte: der ganze spannende Aufbau des festgelegten *paseos*, und dazu ein Hauch Alchemie, die übliche Eloquenz und Sparsamkeit des großen Malers. Die Tötung des Stiers hat etwas Satanisches an sich, was möglicherweise daran liegt, daß die beiden führenden Reiter die finster bedrohliche Tracht der Geheimpolizei Phillips II. tragen. Das sind die sogenannten *alguaciles*: Sie eröffnen das Geschehen mit eisiger Förmlichkeit. Danach marschieren nacheinander die drei Matadore ein, gefolgt von den Gehilfen mit ihren Umhängen und Dolchen – den *cuadrillas* der *peones*. Zuletzt reiten auf feurigen, aber gut gepolsterten Pferden die Picadores mit ihren Lanzen ein, den mit Widerhaken versehenen *banderillas*, sowie jene, die dafür zuständig sind, den Kadaver des gefallenen Stiers oder ein ausgeweidetes Pferd an den Haken zu nehmen und fortzuzerren. Dies sind grimmige Bilder, wenn man bedenkt, daß es um einen Nachmittag im strahlenden mediterranen Sonnenschein geht. Die theatralische Förmlichkeit und Genauigkeit machen deutlich, daß wir einem Ritual beiwohnen, nicht nur einem Spiel, einer Zerstreuung. Tod liegt in der Luft. Das einzige Zugeständnis an das Bedürfnis nach Farbe in dieser feierlich ernsten Gruppierung professioneller Henker sind die bunten Stoffstreifen, die von der Lanze des Picadors herabhängen. Alle machen formvollendet halt und salutieren und schwenken vor der Präsidentenloge ein, um ihre Reverenz zu machen. Die Kapelle spielt enthusiastisch auf. Gewichtig treten die beiden Anführer vor, um aus Präsidentenhand den großen Schlüssel zu den *cagones* in Empfang zu nehmen, wo die Stiere eingepfercht sind; sie warten, zum Kampf aufgerufen zu werden. Die Menge jubelt mit immer größerer Ungeduld, aber Routine ist Routine, und die muß voll eingehalten werden. Darum nehmen die Akteure hintereinander ihre Positionen ein und ziehen als erstes einen Kreis um die Arena, um beim

Publikum um Sympathie und Anerkennung zu werben. Dann erfolgt endlich die Durchsage. Mit einem trockenen Klirren fliegt das Tor des Verschlags auf, und der Stier, der als erster das Tageslicht draußen erblickt, schießt wie eine Rakete aus dem Dunkel hervor und beschreibt einen Bogen, nur um scharf zu bremsen und halb blind vom hellen Licht irgendwie zögernd mitten im Ring Stellung zu beziehen, stampfend und schwankend vor Erwartung, aber ohne zu wissen, was ihn erwartet. Leise, schmeichelnd nehmen die Matadore Haltung an und beginnen behutsam, ihre Beute in die richtige Lage zu bringen. Ganz langsam, als hätten sie alle Zeit der Welt. Sie gibt dem Stier Rätsel auf, ihre Behutsamkeit und Liebenswürdigkeit. Er stampft auf. Er dampft!

Er tänzelt ein wenig, irgendwie scheu, als sei er seiner selbst nicht ganz sicher. Er wird mit scharfem Blick abgeschätzt, auf sein Gewicht und seine Ausdauer hin geprüft, auf mögliche Besonderheiten seines Verhaltens. Wirft er den Kopf nach links oder rechts herum, wenn er angreift? Der Stier findet die allgemeine Atmosphäre nicht beruhigend, aber im Augenblick ist keine echte Bedrohung zu erkennen, darum galoppiert er erst einmal um den Ring und wirbelt eine Wolke rötlichen Staubes auf, beißend und sauer. Während er damit beschäftigt ist, sammeln sich die Matadore. Ihr schweigender Kreis zieht sich langsam um ihn zusammen, ohne die animalische Behutsamkeit einzubüßen, den Anschein von Schmeichelei. Sie treiben den Stier in die korrekte Position für einen ersten Angriff auf seine Schultern. Sein Deltamuskel ist das erste Ziel, ihn zu erschöpfen das erste Vorhaben. Endlich geht es los: Die Picadores galoppieren beherzt herein, beugen sich vor und pflanzen ihre Waffen fest in den massiven Rücken des Stiers. Er bäumt sich auf, weicht vom geistigen Schock der Erkenntnis und vom körperlichen Schmerz des Ansturms getroffen zurück. Die Schlacht ist eröffnet. Die ganze Angelegenheit nimmt unerwartet Schwere und Ernst an, sobald das Blut an dem zur Zielscheibe gewordenen Rücken hinab in den Staub zu rinnen beginnt. Der Stier plustert sich auf vor Wut, sein Stolz ist verletzt – und das ist es natürlich, worauf sie aus sind. Der ganze Mechanismus des Tötens spult sich allmählich ab ...

Caesars unermeßlicher Geist

Die Provence ist im Laufe ihres Daseins größtenteils frei und unreglementiert geblieben und wurde demzufolge zum bereitwilligen Hort abweichender Meinungen. Mehr noch: Was in Rom ein zu heißes Eisen war, wurde ermutigt, über die Grenze zu schlüpfen und sich in Cäsars Lieblingsbezirk zu verausgaben. Nur wenn die Dinge ausarteten, erschien gewöhnlich eine römische Legion auf der Bildfläche, um nach damaliger Gepflogenheit Gesetz und Ordnung wiederherzustellen. Dennoch ist das Land ein Schmelztiegel des Andersdenkens und ein Beutestück geblieben, das immer wieder zum Opfer von Eroberungen wird und oft im Zustand chronischer Destabilisierung verharrt.

Ein wichtiges Datum in der Geschichte dieses Teils der Welt liefert uns die Gründung von Marseille im Jahre 600 v. Chr. Es war der wohl bedeutendste Handelsposten, den die Griechen bei ihrem Vorstoß nach Westen bis jenseits der Säulen des Hercules angelegt haben. Die Stadt, die dort auf dem hornförmigen Landvorsprung heranwuchs, war von ihrem besonderen Geist geprägt. Über die Gründung gibt es eine amüsante Legende, die berichtet, daß der phokische Heerführer Protis bei den

Verhandlungen um die Stadtgründung die geneigte Vermittlung von Nannus erbat, dem König der Segobrigen. Nannus hatte gerade zum Hochzeitsmahl für seine Tochter geladen, und die Sitte verlangte, daß sie vor den versammelten Gästen zum Zeichen ihrer Zustimmung einen Trinkspruch auf den Freier ihrer Wahl ausbrachte. Sie wählte den schmucken Fremden, und man respektierte ihre Entscheidung. Damit war die Stadt geboren, die Kolonie gegründet.

Offenkundige Funktion dieser ersten Kolonie war es, den Seeweg für den Zinnhandel, der damals fest in phönizischer Hand war, durch Ausnutzen der von der Rhône gebotenen Wasserwege abzukürzen. Den Gründern ging es implizit um die Ausdehnung ihres Einflusses hin zum Siedlungsgebiet von Mont-Lassois, dem Hauptzinnmarkt zwischen Saône und Seine. Nach und nach brachte Marseille es zu Nebenkolonien an der Küste und ein, zwei Stützpunkten im Inland, um die Verkehrsverbindungen dorthin zu schützen. Sogar in den Außenbezirken von Arles (in Trinquetaille) bot es seine Waren feil.

Doch dieser florierende Verkehr kam, so scheint es, ab Beginn des fünften Jahrhunderts jäh zum Stillstand, was wohl auf den inneren Umbruch bei den keltischen Stämmen zurückzuführen war. Marseille Stern begann zu sinken, ungeachtet der erfolgreichen Entdeckungsreisen des Euthymenos nach Afrika auf der Gold- und Elfenbeinstraße oder der ebenso erfolgreichen Vorstöße nach Norden, die Pytheas auf den Handelswegen für Bernstein und Zinn unternahm. Dennoch darf man Marseille getrost als den Wachtposten Roms in Gallien betrachten, und wenn die Stadt ernsthaft bedroht war (zum Beispiel durch die Ligurer), überredete sie Rom immer wieder, zu ihren Gunsten einzugreifen und die Lage zu retten. Diese nützliche Allianz nahm erst mit der Belagerung durch Cäsar ein Ende. Der hatte sein Hauptquartier in Arles aufgeschlagen, das damals (man kann es sich kaum noch vorstellen) ein blühender Seehafen mit Werften war, die er nutzte, um nach und nach eine Flotte aufzubauen. Arles war ein geeignetes Sprungbrett für die Belagerung der schlecht befestigten Stadt Marseille, die trotz ihres Zerfalls immer eine geschäftige Großstadt geblieben war und sich mit List und Verlaß auf die ihr einst nachgesagte intellektuelle Brillanz durchschlug. Im Handel nahm damals jedoch erst Narbonne, dann Arles an Bedeutung zu.

Trotz ihres Niedergangs blieb der alten griechischen Kolonie der paradoxe Ruf erhalten, aufgeweckt und originell zu sein: Sie war ein Zwischending zwischen einem Kur- oder Badeort und wurde zur Wahlheimat für politische Exilanten oder Andersdenkende, die sich mit der Obrigkeit angelegt hatten. Man denkt unwillkürlich an die bemerkenswerte Huldigung der Stadt, die bei Livius (Buch XXXVII, 45) verzeichnet ist:

»Wenn sich nationaler Charakter durch das, was ich den Genius loci nennen will, unterdrücken und verändern ließe, wären die Bewohner Massilias vom Kontakt mit den vielen unzivilisierten Völkern, die sie umgeben, längst wieder der Barbarei anheimgefallen. Es wird ihnen jedoch im Gegenteil soviel Respekt und Rücksicht entgegengebracht, als lebten sie mitten im Zentrum Griechenlands. In Wahrheit liegt dies nicht nur an der Reinheit der Sprache, die sie sprechen, oder am Stil ihrer Kleidung, sondern vor allem an ihren Bräuchen, ihrer Gesetzgebung und ihrem Nationalcharakter, den sie sich unversehrt und rein bewahrt haben, frei von aller Überfremdung.«

Tatsächlich hält sich bei aller Veränderung auf die hartnäckigste Art jener nicht greifbare Faktor, die nationale Veranlagung: Ich fand es hochinteressant festzustellen, daß die griechisch-römische Polarität in ihrer modernen Ausprägung auf dem Dodekanes (wo ich einige Jahre in der Verwaltung tätig war) ebenso deutlich auszumachen war. Diese griechischen Inseln haben fast ein halbes Jahrhundert unter italienischer Herrschaft gestanden und waren zu einem Tummelplatz für römische Sommerurlauber verwandelt worden. Doch trotz der beständigen und einfallsreichen römischen Lebensart hatten sie sich die griechische Genügsamkeit und Kargheit wie in alter Zeit bewahrt. Die Griechen waren Meister der Improvisation, ihre Erfindungsgabe war brillant, wenn auch oft einem

Akt auf dem Drahtseil nahe. Die Römer entwickelten eine gemächliche Disziplin, eine Würde und Ordnung, die jegliche Panik ausschloß.

Jérôme war besonders scharfsichtig, wenn es darum ging, die Kontraste zwischen dem römischen und griechischen Charakter aufzuzeigen, die natürich beide mediterran und darum eher ergänzend als antithetisch waren. Einer bedurfte der Stütze des anderen, denn ihre Verhaltensnormen und Standpunkte führten zu verschiedenen Resultaten, und die Unterschiede zwischen ihnen waren beachtlich. Vom Temperament her war Griechenland ein Tier des Meeres, Rom dagegen ein Tier des Landes.

Es lief, wie Jérôme zu sagen beliebte, alles auf die Landschaft als Determinante des Charakters hinaus: Die Griechen waren in einem öden Land geboren, mit einem Charakter, der gegen körperliche Entbehrungen gefeit war. Das griechische und römische Erleben spielte sich auf verschiedenen Erlebnisachsen ab. Der Römer war der Landbewohner, ja, aber er entstammte einer Landschaft, die üppig und abwechslungsreich war. Ihm gehörte nicht das kahle griechische Inselgestein, halb blind von der violetten Raserei des ägäischen Lichts, sondern ein hügeliges, grünes Land, dessen Boden alle nur erdenklichen Erträge abwarf: reich an Wäldern und Ernten, an Flüssen und Bergen. Der griechische Verstand wurde von einer überwältigenden Neugier angestachelt, begierig nach Wahrheit anstatt nach Profit, und war zutiefst abergläubisch. Darüber hinaus hat sich der griechische Verstand hinter der komplizierten Syntax einer Sprache verschanzt, die sowohl reich an Anspielungen als auch abstrakt ist, schwer zu erlernen und so inhaltsreich, daß sie die wissenschaftliche Auswertung in Form von Ideen lohnt. Die Griechen handelten überstürzt, sei es auf Entdeckungsreise oder bei Abenteuern. Sie fürchteten nicht das Unüberlegte, denn sie ließen sich von Neugier leiten. Und sie waren tapfer bis an den Rand der Tollkühnheit: Seefahrer und Entdecker, die ihren Durst nach dem Neuen stillten. Sie pflanzten ein paar Bäume, gewiß, Obstbäume jeder Art und – wie eine musikalische Note – die ersten Olivenbäume! Sie widmeten sich dem Abholzen und Urbarmachen, waren jedoch im Grunde kein Volk des Binnenlandes. Sie kolonisierten, befriedeten, zivilisierten nicht die Länder, die sie besuchten, sondern sie setzten ihre Reise fort, damit zufrieden, die Meeresstraßen zu sichern, die Häfen und Flußmündungen zu erkunden und auf den Seewegen Handelsposten zu errichten: Arles, Nizza, Antibes, Agde... eine spärliche Kette von Einzelereignissen. Das Meerestier war auf der Jagd nach anderen Dingen, seine Seefahrer waren rastlos. Ihre Neugier trieb sie durch die Straße von Gibraltar und, wenn man der Legende glauben darf, einmal rund um die britischen Inseln. Die Gefühle, die sie der Provence entgegenbrachten, waren feurig, aber oberflächlicher Natur; sie waren Handelsleute, ja, aber sie handelten wie Seeleute.

Obwohl sie nie weit ins Land vordrangen – sie scheinen sich immer entlang der Küsten niedergelassen zu haben – waren sie soweit vom römischen Hang zur Konsolidierung angesteckt, daß sie Marseille zur Republik erklärten. Die Stadt wurde für die Weisheit ihrer Gesetze bekannt, ein Vorbild, das viele nachfolgende Republiken beeinflußte. Mag sein, daß die Gründer örtliche Würdenträger waren, die sich einen Hauch von römischer *gravitas* gönnten. Auf jeden Fall machten die zwei Denkarten, die zwei Veranlagungen in vielerlei Hinsicht gemeinsame Sache. Das bunte Gemisch, aus dem der provenzalische Charakter hervorging, wurde durch diese Vielfalt bereichert. Aber wie bei den meisten griechischen Unternehmungen mußte die Aufgabe, das Hinterland zu bezwingen und zu konsolidieren, auf das römische Heer warten, das eines Tages die Binnenverkehrswege sichern und ausbauen sollte, die Marseille mit Genf verbanden.

Im Gegensatz zu den Griechen glaubte der Römer an den Wert der Geschichte, an Beständigkeit, und diese Zuversicht wirkte sich auf sein Gemütsleben aus, sein Vertrauen auf Land und Wasser, auf die Landwirtschaft und auf die Zeit. Der Charakter des Römers war schwerfällig, seine Sprache eine gewichtig lapidare, sein Temperament weniger das eines Dichters als das eines Grammatikers, Juristen, Gesetzgebers, Moralisten. Seine Neigung galt der Bestandsaufnahme, dem Ahnenkult. Die Römer waren im Herzen Juristen und Landvermesser, Anbeter der Katasteraufnahme, Kinder des Meilensteins! Die Fußsoldaten an der Front wurden von der tief empfundenen und eingefleischten Ergebenheit gegenüber dem römischen Ideal genährt, dessen Kunstverständnis sich in der Poesie der Funktion (Pont du Gard) äußerte. Selbst heute noch ist es unmöglich, diese großen mörtellosen Bögen steinernen Honigs mit Gleichmut anzusehen. Sie sind Hymnen an die Göttin des Wassers!

Die zahlreichen Feste und Veranstaltungen aller Art sorgen häufig für Überraschungen. Zum Beispiel hatte man mir dringend empfohlen, eine Aufführung von *Holiday on Ice* in der Arena von Nîmes anzuschauen. Dort hatte man tatsächlich auf echt römische Art die Arena überflutet und in eine Eisbahn verwandelt. Die Vorstellung, schön beleuchtet und inszeniert, war buchstäblich atemberaubend. Dies alles in einer mondhellen Nacht im August und in solch einer Kulisse zu sehen, war regelrecht ergreifend! Ich hatte vergessen, daß die Originalkonstruktion es erlaubte, Seeschlachten aufzuführen, bei denen die ganze Arena in einen Teich verwandelt wurde, weil ich nur an die unangenehmen blutrünstigen Orgien gedacht hatte, die in den Jahrhunderten römischer Vorherrschaft die Hauptform der Zerstreuung für das Volk waren. Es sind ungeheuerliche Massaker verzeichnet, und man kann nicht darüber nachlesen, ohne das Gefühl zu haben, daß zum Charakterprofil der Römer eine bestimmte unmoralische Gefühllosigkeit gehörte. Gladiatorenkämpfe sind eine Sache, aber hilflose Gefangene oder Sklaven an wilde Tiere zu verfüttern, um sich an ihren Qualen zu ergötzen, ist etwas anderes. Höchstwahrscheinlich empfanden die Griechen angesichts der Schwere des römischen Philistertums und der Roheit, mit der diese brutalen Spektakel einem Publikum aus gewöhnlichen Bürgern vorgeführt wurden, Anflüge von Pein und Abscheu. Das römische Gemüt war in seinen Grundzügen juristisch und moralistisch eingestellt, Rechtsgelehrsamkeit und die Kodifizierung bürgerlicher Moral waren seine Stärken. Das griechische war weniger präzise, hatte aber mehr Tiefgang. Der Gegensatz muß in der Antike noch betonter gewesen sein: Aller Wahrscheinlichkeit nach unterschied sich das griechische Hochseeschiff deutlich von der schwerfälligen römischen Galeere mit ihren von Sklaven bewegten Rudern. Die Galeere mochte es auf eine Geschwindigkeit von acht bis neun Knoten bringen, aber das leichtere griechische Schiff ließ sich bei Bedarf anlanden und den Strand hinaufziehen.

Der gleiche Kontrast in Bezug auf Stil und Interessenslage war gewiß auch aus den zwei verschiedenen Ausrichtungen des Theaters ersichtlich. Der griechischen Inszenierung war es um die menschliche Identität im Angesicht Gottes oder um Tendenzen der Natur zu tun; eine ganze Gemeinschaft, die um Selbstverwirklichung im Sinne einer mystischen Identität bemüht war, konnte sich so auf einmal all ihrer Ängste entledigen. Die Läuterung lag in der Katharsis. Dagegen war das römische Theater mit dem Thema angemessenen menschlichen Verhaltens und mit Menschenschicksalen befaßt. Es war fest in der Zeit und den Umständen verankert. Es atmete den ganzen Idealismus eines vollendeten bürgerlichen Gesetzbuchs. Es untersuchte genau und dichterisch treffend, was richtig und was falsch war. Die römische Themenpalette ist weniger profund, im modernen Sinn eher bourgeois, und drückt sich am besten in moralischer Betroffenheit angesichts der menschlichen Lage aus. Götter und Göttinnen existieren, aber nur als schöne, sinnträchtige Abbilder einer Natur, die Freundin und Geliebte ist, nicht als recht beängstigende Fundgrube metaphysischer Schrecken und philosophischer Wahrheiten. Die griechische und römische Dichtkunst machen die genannten Differenzen unverbrämt deutlich. Bühnenproduktion und Theaterstücke betonen den radikalen Unterschied der Neigungen: griechische Katharsis und römische Erlösung durch tugendhaftes Verhalten und bürgerliche Rechtschaffenheit. Sogar in der Struktur des Theaters schlägt sich der Kontrast nieder: Das der Griechen ist atemlos abstrakt, kultiviert in seiner spirituellen Einsicht und endlosen Suche nach metaphysischer Wahrheit, während sich das römische offensichtlich damit zufriedengibt, über die menschliche Situation zum Verständnis von Bürgertugend und moralischer Würde zu gelangen. Man braucht nur sehr wenig Phantasie, um sich beispielsweise im römischen Theater von Orange umzuschauen und (wie durch ein umgekehrtes Teleskop) das griechische Theater von Epidauros mit seinem erlesenen baulichen Gleichgewicht zu erblicken. Aber es gab nun einmal zwei verschiedene Gesetzmäßigkeiten, zwei verschiedene Methoden, die Geschichte der Menschheit und die gegenwärtige Realität zu sehen. Die Provence ist in den Genuß beider Geistesarten, beider Temperamente gekommen.

So teilt sich die römische Erfahrung der griechischen mit und umgekehrt, und der einfühlsame Beobachter kann beide ermessen und sich ihrer getrennt erfreuen, denn jede Kultur hat die Früchte originärer Einsicht mit sich gebracht, sowie einen kreativen Druck, der in den steinernen Relikten nach wie vor widerhallt. Im Jahre 1837 hat Stendhal in einer kurzen Notiz seine Bewunderung für die unbeschwerte Reinheit der Maison Carrée in Nîmes zum Ausdruck gebracht: »Die Gesamtwirkung ist bewundernswert. Ich habe in Italien selbst imposantere Denkmäler gesehen, aber kein so reizendes wie diese *reizende Antiquität*, die mit schmückendem Zierat ein wenig überladen ist, dabei aber das Schöne nicht ausschließt. Sie ist das Lächeln eines gewohnheitsmäßig ernsten Menschen.« Stendhal hatte sozusagen die besondere Magie einer archetypischen Form entdeckt, die sich selbst in einer bloßen Kopie mitteilt: die Konvention des römischen Ateliers. Es handelt sich um eine schmerzliche Erinnerung an einen vergessenen Stil steinerner Verzückung, die der strenge und sachliche römische Lebensstil überlagert und beiseitegeschoben hatte.

(Und doch, wie hartnäckig hält sich das archetypische Format: Es wiederholt sich in der Gladiatorenpose des Ringers oder Boxers, der Balance des Tänzers, dem listigen, von Aussschweifung gezeichneten Gesicht des Zigeuners der Camargue oder im schwachsinnig stumpfen Blick des Toreadors, der im Augenblick des Zustoßens praktisch zum Helden erhoben wird. Von örtlichen Konstanten wie der Schönheit der Mädchen von Arles ganz zu schweigen: Jede sieht aus, als hätte sie soeben einen Wunsch erfüllt bekommen und sich zudem noch frisch verliebt.)

Amme und Liebchen der Wegscheide

Was der Besucher der Provence als erstes bestürzt feststellen wird, ist, daß er nicht genug Zeit hat, um allem gerecht zu werden, was das Land an historischen Stätten zu bieten hat; sie sind so zahlreich wie verschieden und es ist unmöglich, bei einem kurzen Besuch in Avignon oder Nîmes oder Arles alles zu sehen. Jede Stadt würde mindestens eine Woche oder zehn Tage beanspruchen, um ein Gefühl gründlichen Vertrautseins aufkommen zu lassen. Ideal wäre es, einige Wochen außerhalb der Saison dort zu wohnen, aber wieviele von uns können auf so etwas schon hoffen?

Die beste und systematischste Art, mit den Herrlichkeiten umzugehen, die diese Städte zu bieten haben, ist, sie in Konstellationen zu je drei oder vier anzugehen. Sie neigen ohnehin dazu, sich so zu gruppieren, und die Entfernungen zwischen ihnen sind nicht groß. So kann man zum Beispiel in Avignon übernachten und ohne allzu lange Fahrzeit mit dem Auto und reichlich Zeit, um unterwegs essen zu gehen, tagsüber in Arles oder Nîmes einkaufen. Sicherlich ist man auf Grund seiner unterschiedlichen Vorzüge versucht, Arles, das am Rand eines wasserreichen Deltas kauert und dem teuflischen Mistral den Rücken zuwendet, zur aufregendsten dieser prächtigen Städte zu küren. Sowohl die heutige Vorherrschaft von Arles als historisches und folkloristisches Zentrum als auch seine Menge an schönen römischen Monumenten lassen es als den bei weitem zentralsten Ort erscheinen, von dem aus man mit der Erforschung der Reize des Südens beginnen kann, egal ob sie römischen, christlichen oder Mistralschen Ursprungs sind. Natürlich bieten sich zur Erkundung des römischen Aspekts mehrere Schlüssel an – Städte, die unter der Herrschaft des römischen Reichs floriert haben –, aber wahrscheinlich wird uns das staubige, sonnenverbrannte Arles am Ende des Autobahnnetzes der bedeutsamste Ort sein. Es ist die Königinmutter der Gruppe und hat dem Besucher eine große Vielfalt an Monumenten und Raritäten zu bieten. Gewöhnlich wird es als die malerischste Stadt der Provence angesehen, was durchaus stimmen mag. Auf jeden Fall sollte man in Arles den ersten kokardenhaschenden Stierkampf erleben, ein wildes ländliches Spiel, aus dem ein großartiger Sport geworden ist und das auf den griechischen Vasen Kretas naturgetreu abgebildet ist.

Arles liegt wie ein Seestern, der seine Arme in alle Richtungen ausstreckt, in zentraler Position, von der aus man seinen Radius gemächlich erweitern kann. Im übrigen ist die normierte, exakt dokumentierte Rekonstruktion der römischen Stadt, die auf dem alten Arles errichtet wurde, ein wunderbares Referenzwerk für die gesamte

Städtegruppe, denn sie weisen alle analoge Züge und Eigenheiten auf. Man hat das Gefühl »im Bilde« zu sein, sich als zeitgenössischer Römer zu fühlen, der in einer römischen Kulisse seinen legitimen Geschäften nachgeht. Das läßt sich auch auf so unterschiedliche Orte wie Nîmes, Aix, Orange, Vaison la Romaine und St-Rémy, auf Carpentras und Cavaillon übertragen.

In historischer Zeit wurde Arles nahe dem Scheitelpunkt eines Dreiecks, das von den schützenden Verzweigungen der Rhône gebildet wird, auf einer Seite vom Fluß benetzt, über den es Waren aus dem Norden erhielt, und auf der anderen Seite von den Lagunen (das keltische Wort ist *lôn* bzw. *lyn*) mit ihren Überschwemmungsgebieten, die sich bis zum Meer hinzogen. Als der berühmte Feldherr Marius die Lagunen über seinen strategischen Kanal miteinander verbunden hatte, stellte Arles fest, daß es Güter importieren und exportieren konnte, die für den gesamten Mittelmeerraum bestimmt waren. Zur Römerzeit war die Camargue ein zweites Ägypten, denn ihre rund achttausend Hektar Boden wurden regelmäßig von der Rhône überflutet. Man nannte sie die Kornkammer des römischen Heeres, und das blühende kleine Arles bezeichnete man als den »Busen«, so groß war der Überfluß, den man ihm nachsagte. Es sei hier noch einmal betont, daß die griechischen und römischen Städte nicht an der Küste selbst oder an den Flußarmen liegen, sondern an den Lagunen, die damals noch tief waren und den Handelsschiffen sichere Ankerplätze boten. Diese Lagunen, durch die sowohl Frischwasser als auch Salzwasser floß, waren im klassischen Altertum immer gesund; aber Wind und Wellen und Anschwemmungen sorgten dafür, daß ihr Zugang zum Meer blockiert wurde und sie sich in abgestandenes Sumpfland verwandelten, das Malaria ausdünstete. Im Mittelalter wurde dieser Tatsache keine Aufmerksamkeit geschenkt. Standorte, die in der Antike durchaus zuträglich gewesen waren, wurden verseucht, und die Städte verkamen zu Ansammlungen fiebergeplagter Hütten. Die Lage verschlimmerte sich stetig. Erst Ludwig XIV. verfügte die Vermessung des Landes, die zu der Entscheidung führte, die Rhône-Ufer zu befestigen. Gutachten neueren Datums behaupten, das sei nicht die Lösung des Problems gewesen, und die ganze Frage wird auf Regierungsebene diskutiert.

Die Einwohner von Arles sind heute stolz auf ihre reine und ungebrochene Abstammung, die ihren Ausdruck in der Schönheit ihrer Frauen findet. Dabei hat es lange vor den Römern an dieser Stelle zweifellos eine gallische Siedlung gegeben, was der frühkeltische Name *Arlath* beweist, der soviel wie »feuchte Behausung« bedeutet. Allem Anschein nach ergriffen die Griechen Besitz von ihr – und in der Bevölkerung mischten sich griechische und gallische Züge. Dann wurde 46 v. Chr. auf dem Gelände eine römische Kolonie errichtet. Cäsar entschied, seine Dankesschuld gegenüber den Offizieren und Mannschaften seines Heeres auf bewährte Art zu begleichen, indem er ihnen Land schenkte. Er befahl einem seiner Quästoren, nämlich Claudius Tiberius Nero, dem zukünftigen Vater und Großvater der Kaiser Tiberius Claudius und Caligula, zwei Expeditionen in die Provence zu unternehmen und koloniale Stützpunkte in Narbonne und Arles zu gründen. Arles war somit eine der ersten Militärkolonien, die außerhalb der Grenzen Italiens angelegt wurden.

Aufgabe dieses Tiberius war es, das Land gleichmäßig unter Cäsars Veteranen der Sechsten Legion aufzuteilen, rund sechstausend Offizieren und einfachen Soldaten. Die so entstandene Siedlung wurde Arelate Sexantorum getauft. Wir haben das Glück, daß uns aus Tacitus' Feder eine Beschreibung des Verfahrens überliefert ist, das bei solchen Gelegenheiten eingehalten werden mußte. Nach den Tribunen und Zenturionen kam eine Unzahl minderer Beamter, *agrimensores* oder Landvermesser genannt, die sich um die technische Seite des Unternehmens kümmerten, die Parzellierung und Verteilung der Grundstücke unter den Neuzugängen. Ihnen dicht auf den Fersen folgte eine Hierarchie von Zivilbeamten der Bereiche Religion, Rechtsprechung und Verwaltung, alle unter der Leitung eines Chefadministrators, der den Titel *curator coloniae* trug. Von diesem Augenblick an war die Verwandlung der kleinen Kolonie in ein kleines Rom nur noch eine Frage der Zeit!

In Windeseile machten sich die Neuankömmlinge

daran, ein Kapitol zu bauen, ein Forum, Tempel, Triumphbögen, Aquädukte, Marktplätze – und langfristig auch Theater, einen Zirkus und öffentliche Bäder. Binnen weniger Jahre wurde die äußere Form von Arles mit dem römischen Lebensstil seiner Bewohner in Einklang gebracht. Eine gräkogallische Handelsstadt war latinisiert und bürokratisiert geworden und rühmte sich, das Ebenbild ihres neuen Elternteils am Tiber zu sein. Sie ließ sich sogar in Arelas, Gallula Roma umtaufen (das römische Gallien). Was wir heute sehen, ist von den blühenden Kolonien, die die Gepflogenheiten und den Charakter einer Ansammlung gesetzloser Stämme geprägt haben, natürlich weit entfernt; ihr langsamer Verfall, ihre Plünderung zerreißt einem, wenn man nur daran denkt, das Herz.

Die wirtschaftliche Macht des antiken Arles zu Cäsars Zeiten machte es zum ernstzunehmenden Rivalen Marseilles. Seine Bevölkerung soll sich auf hunderttausend Seelen belaufen haben. Dennoch blieb Arles, bis Cäsar beschloß, Marseille zu schleifen und zu plündern, unter der Vorherrschaft der konkurrierenden Stadt und zahlte Zölle für den gesamten Schiffsverkehr. Cäsar bestrafte Marseille dafür, daß es bei der letzten Auseinandersetzung zwischen ihm und Pompejus für seinen Gegner Partei ergriffen hatte. Nachdem Marseille abtrünnig geworden war, war der Weg frei für ein wenig diplomatisches Hin und Her, und Cäsar ließ, nachdem er sich seines Rivalen entledigt hatte, Arles seinen vollen Dank zukommen. (Er sah aus praktischen Erwägungen über die Tatsache hinweg, daß starke Flottenverbände aus Arles Hannibal beim Durchqueren Frankreichs geholfen hatten – dieser Feldzug hätte Rom beinahe vernichtet). Cäsar verfügte, daß Arles das gesamte Vermögen von Marseille und dessen politische Vorherrschaft erben solle, und ab da fing die kleine Ortschaft an zu gedeihen. Reichtum folgte den neuen Privilegien, die Cäsar ihr eingeräumt hatte.

Aber nichts währt ewig, und die verfallenen Reste jenes Arles, die wir heute kennen, zeugen nur allzu deutlich von den barbarischen Heimsuchungen (der Westgoten und Sarazenen), die eine einst schöne Stadt entstellt haben. Die Arena von Arles ist die größte Europas, aber in einem elenden baulichen Zustand, speziell im Vergleich zu dem reizenden antiken Theater von Orange. Mit beklommenem Herzen liest man Beschreibungen der Stadt auf dem Höhepunkt ihrer Blütezeit. Die ursprüngliche Pontonbrücke, welche die Rhône überspannte, ist natürlich einer modernen gewichen. Sie wurde wegen ihrer Schönheit und Bedeutung von keinem geringeren als Ausonius gelobt, einem Dichter, der danach die Garonne zur Inspiration des langen und bewundernswerten Gedichts erkor, das sein Lebenswerk war. Dieses Gedicht kann man ebenso im Gedanken an die Rhône lesen – die großen Flüsse sind einander so unähnlich nicht, nur daß die Rhône, meine ich, als dichterisches Thema bei weitem eindrucksvoller und charakteristischer ist.

Arles ist eine Stadt, die sich um ein Dörfchen schart, dessen Reize sich auf einem kurzen Rundgang auskosten lassen. Seine Vergangenheit ist wie seine Zukunft mit der Rhône und den Kulturen der Rhône verknüpft; es war einst ein florierender Seehafen mit berühmten Werften, auf denen die Flotten von Cäsar, Antonius und allen anderen gebaut wurden, aus dem Holz, das die Rhône herabgeschwommen kam. Die Werften müssen alles das gewesen sein, was die Historiker behaupten, denn als Cäsar den Befehl erteilte, dort seine Flotte zu bauen (die, mit der er Pompejus besiegte), wurde sie in weniger als einem Monat ausgestattet und abgeliefert, also mit unerhörter Geschwindigkeit. Die Entwaldung hat demnach so früh schon begonnen. Sie verwandelte das Rhônetal langsam in einen Windkanal, durch den heute der Mistral pfeift und flattert. Dafür hat sich in zweitausend Jahren das Meer rund fünfundvierzig Kilometer zurückgezogen, und der einst blühende Seehafen ist nun eine staubige, irgendwie leblose kleine Stadt an einer sandigen Mündung, beiseitegeschoben von den Strömungen des großen Flusses, der sich einst an dieser Stelle ins blaue Mittelmeer ergoß. Es muß eine prächtige, luftige Stadt gewesen sein, mit einem geordneten Fries stattlicher Monumente, die alle der Öffentlichkeit zugänglich waren und darum vor dem blühenden Hintergrund von Handel und Handwerksarbeit lebendig wirkten. Wirtschaftliche und militärische Strategien rückten Arles zudem ins

Blickfeld von Kaisern. Klare Luft, klarer Himmel und reinigende Winde hielten es frei von den Plagen versandeter Mündungsgebiete und stehender Gewässer, die heute die Stechmücken begünstigen. Die Ausblicke, die sich in jede Richtung boten, waren von unvergleichlicher Schönheit. Die hohen Felsen und Vorsprünge von Montmajour, nun ganz auf dem Trockenen, bildeten nach Süden hin eine massive, undurchdringliche Inselbarriere. Aber es gibt dort auch heute noch Bewegung und Licht, insbesondere da, wo die Rhône in all ihrer bedächtigen Würde die Stadt umgürtet.

Der Zufall von Cäsars Krieg gegen Pompejus machte Arles reich, doch war viel davon auch auf die strategische Position zurückzuführen, die die Stadt an der Kreuzung dreier Hauptverkehrswege des römischen Reiches einnahm, der Via Domitia, der Via Aurelia und der Via Agrippa. Sie hatte ihren Spitznamen »Amme und Liebchen der Wegscheide« vollauf verdient. Außerdem führte Rom wieder einmal seinen Wasserzauber auf und gab der kleinen Stadt, was ihr am meisten fehlte: einen Aquädukt von sechsundvierzig Kilometer Länge, der Täler und Hügel überwindet, um aus den Alpilles Frischwasser heranzuführen. Die Rhône selbst wurde derweil im Siphonverfahren ausgehoben, um das Wohnviertel Trinquetaille zu regenerieren, das heute wahrhaftig heruntergekommen ist, aber damals der elegante Vorort war, wo die wohlhabenden Römer Ferienhäuser unterhielten oder ihre Familien hinschickten, um der Hitze der Küstenregion zu entkommen.

Die alte Römerbrücke muß, ihren Überresten nach zu urteilen, eine wunderbare Leistung ästhetischer Bautechnik gewesen sein. Die moderne Brücke, die den Reisenden begrüßt, ist dagegen leider ein Schandfleck. Auch ist es kein Trost, sich nach dem Überqueren im kleinen Viertel Trinquetaille mit seinen Rabelaisschen Anklängen wiederzufinden. Aber man darf nicht vergessen, daß die Brücke von Arles für die Römer eine wichtige Verkehrsverbindung war. Die Via Aurelia, die sich von Rom bis nach Cadiz erstreckte, führte an Arles vorbei. Die modernen Autobahnen sind stellenweise auf der Tragschicht der alten Römerstraßen angelegt, und die so gebotenen neuen Transportmöglichkeiten (Brindisi hat nun eine Straßenverbindung nach Bordeaux) verändern das gesamte soziologische und wirtschaftliche Bild der Provence – oder wenigstens des Languedocschen Teils. Die Region Marseille-Fos ist eine von Ölraffinerien eingenommene Wüste, während der Norden langsam, aber sicher in ein Touristenzentrum verwandelt wird, das es mit der Côte d'Azur aufnehmen kann. Das Herz der Provence schlägt nach wie vor, aber irgendwie eingeengt zwischen den beiden großen Alternativen, die das Leben urbaner und weniger ländlich machen. Eine neue trügerische Weltoffenheit wird geboren.

Die baumbestandenen Boulevards führen zögernd von den Ruinen der römischen Schutzwälle weg, als hätten sie das Gedächtnis verloren – ihr kaiserliches Gedächtnis! Innerhalb ihrer Schleife liegt nach wie vor der Kern der modernen Stadt – gewundene, enge, schlecht gepflasterte Straßen, die nachts kümmerlich beleuchtet sind. Seit dem Algerienkrieg wimmelt es dort von nordafrikanischen Kindern anstelle der verschwundenen Zigeuner, die ein Stück nach Süden in Richtung Saintes verdrängt wurden. Hier geht der Mistral um und hinterläßt auf Hüten und Fensterbrettern, auf Autofenstern, Cafétischen und Gläsern eine dicke Staubschicht. Nur ein kleiner Platz beherbergt auf seine bescheidene Art den Herzschlag der modernen Provence, denn hier steht das Standbild des Dichters Mistral. Der Place du Forum hieß früher Place des Hommes – ein lakonischer Name, der zu bedeuten hatte, daß hier Männer auf der Suche nach Landarbeit – als Knecht, Verwalter und so weiter – herkamen, um einen Dienstherren zu finden. Man kann sich vorstellen, wie man als, sagen wir, griechischer *négociant* der Olivenölbranche über das römische Forum einer solchen Stadt geschritten wäre – Plato, der Philosoph, war im Privatleben in diesem Gewerbe tätig! Und fühlte sich darum bestimmt ganz wie zu Hause auf einem weiten Forum, das das bürgerliche Zentrum, das wirtschaftliche Herz der Stadt war. Es wurde flankiert von kühlen Säulenhallen, deren jede eine andere Funktion hatte; hier kam man her, um nachzulesen, was es Neues gab, die offiziellen Verlautbarungen, die der Ausrufer öffentlich anschlug. Hier konnte man auch politischen Rednern zuhören, die im Vorlauf anstehender Wahlen ihre Themen erprobten. Oder man konnte einfach umherschlendern, alte Freunde begrüßen und mit ihnen schwatzen. Hier erledigten die Damen ihre Einkäufe an den kleinen Ständen oder Handwerksbuden oder auf dem Markt für Obst, Fleisch und Gemüse, der unter kühlen Planen leuchtete. An manchen Tagen fand ein florierender Sklavenmarkt statt, und rund um die zentralen Gebäude des Forums waren andere gruppiert, zum Beispiel die Kurie (das Verwaltungszentrum), die Börse (das städtische Schatzamt), die öffentlichen Kornspeicher, das Gefängnis, die Tempel und das Gericht... Das offizielle Standbild Mistrals haben Zeit und die Umstände geläutert. Es ist kein ästhetischer Triumph, und der Dichter selbst fand keinen Gefallen daran, aber es ist schwer, ihm nicht wenigstens einen liebevollen Seitenblick zuzuwerfen. Er sieht mit dem Spitzbart und einem breitkrempigen Hut seinem Freund Buffalo Bill tatsächlich sehr ähnlich, dessen Besuch in der Provence ein solcher Erfolg war, daß man noch heute ab und an davon reden hört.

Buffalo Bill kam mit einer ganzen Rodeomannschaft nach Europa und veranstaltete in mehreren Ländern eine Reihe von Wildwestvorführungen; das erfolgreichste und das unseligste Rodeo war das in Neapel, wo ihm jemand sämtliche Einnahmen raubte. In der Provence erging es ihm besser, speziell in der dem Stierkult verfallenen Camargue mit ihren steinzeitlichen Stieren. Selbst die traditionelle Tracht war eine subtile Mischung aus spanischer Großtuerei und französischer Eleganz und fand bei dem Amerikaner recht großen Anklang. Man kann heute noch einen Blick auf seine Pistolen werfen, die stolz in der *mairie* von Albaron ausgestellt sind; was Mistral anging, so waren seine freundschaftlichen Gefühle für den großen amerikanischen Kavalier warm und echt. Als er wieder abreiste, schenkte er Mistral einen Hund, und wer den kleinen Friedhof in Mallaine besucht, auf dem der Dichter begraben liegt, wird ein gemeißeltes Porträt des Schoßtiers auf seinem Grabstein vorfinden.

Überquert man den kleinen Platz auf dem Weg zum alten Forum, von dem kaum noch etwas übrig ist, raubt einem ein jäher, beinahe zufälliger Blick auf ein noch grandioseres, zum Nachvollziehen des römischen Lebens noch geeigneteres Objekt den Atem: Das prachtvolle Amphitheater ist weniger gut erhalten als das von Nîmes, aber besser ausgerichtet. Es ist außerdem das größte in ganz Frankreich und ragt gigantisch vor dem blauen, juwelenartigen Himmel auf. Es hat einen Durchmesser von rund vierhundertfünfzig Metern und zwei Stockwerke zu je sechzig Rundbögen, das untere mit dorischen, das obere mit korinthischen Säulen – die ohne jeden Anflug von Unstimmigkeit zusammenpassen. Früher war es zusätzlich mit kleinen Türmen geschmückt, doch die Mauerkrönung ist abgebröckelt und der ganze Bau macht einen irgendwie traurigen, verfallenen Eindruck. Die Pracht seiner Konstruktion wird dadurch jedoch nicht gemindert. Man kann die fünf breiten Durchgänge entlangschlendern, die zu den dreiundvierzig Sitzreihen führen. Dort fanden in der Blütezeit von Arles dreißigtausend Zuschauer Platz. Die irgendwie deplazierten Türme stammen offenbar aus dem achten Jahrhundert und sind sarazenischer Herkunft. Sie lenken von der massiven Schönheit des Gebäudes ab, erinnern aber daran, daß sowohl dieses Amphitheater als auch das von Nîmes einst zu Festungen umgebaut wurden, um darin Belagerungen zu widerstehen. (Das gleiche Schicksal ereilte zu einem anderen Zeitpunkt Vespasians Kolosseum in Rom.)

Das größere Amphitheater diente der Abhaltung der öffentlichen Spiele, meist in Form von Kämpfen zwischen wilden Tieren und bewaffneten Gladiatoren, während die Theater eine bescheidenere, intimere Rolle spielten. Dort fanden alle möglichen literarischen und politischen Versammlungen statt, von musikalischen ganz zu schweigen. Die damalige Welt vergnügte sich mit Dichtkunst und Rhetorik, mit Sophistik und Deklamation, mit Ideen... Auf volkstümlicherem Niveau mochte das Theater aber auch öffentliche Wettbewerbe organisieren, Lotterien, die Verteilung von Brot oder Öl, das ein gütiger gehobener Bürger zur Unterstützung der Armen gespendet hatte. Hinzu kamen fremdländische Jongleure und Bärenführer vom anderen Ende des riesigen Reichs, Männer, die kaum Griechisch oder Latein sprachen, aus entlegenen Regionen wie Pontus und dem Schwarzen Meer. Das vielzählige, eher gemischte Publikum war nicht allzu wählerisch, und man konnte für Seiltänzer, indische Jongleure, Schwertschlucker und Marionettenspieler, ja sogar für Hahnenkämpfe immer Zuschauer gewinnen. Aber die Grundnahrung waren natürlich die Komödien und Tragödien der Antike. Bis ungefähr 100 v. Chr. bekamen die Schauspieler zur Verdeutlichung Perücken aufgesetzt. Form und Farbe der Perücke richteten sich nach der darzustellenden Person; danach kamen Masken auf, hergestellt aus Pappe und stilisiert, um den Charakter der Figur auf der Bühne anzuzeigen. Über die Rolle des Theaters in der römischen und griechischen Welt gäbe es noch viel zu sagen, aber der Besucher der Provence wird angesichts der brillanten Akustik selbst dieser halb zerstörten Bauten, wo er während seines Sommerurlaubs in Nîmes oder Orange vielleicht ein Konzert oder ein Schauspiel erlebt, in Erstaunen verfallen. Der moderne, im Filmgeschäft tätige Toningenieur (ich habe einmal einen Sommer lang in der Provence und Umgebung gedreht) findet in einer Achitektur, die dazu gedacht war, Schall aufzufangen und gleichmäßig an ein großes Publikum weiterzuleiten, vieles, was ihn verblüfft. Nicht nur Schall wurde berücksichtigt, sondern auch Bewegung: Man hat errechnet, daß die zwanzigtausend Zuschauer, die heute bei einem spanischen Stierkampf die Arena von Nîmes füllen, den weitläufigen Bau ohne Gedränge oder Geschiebe innerhalb von fünf Minuten verlassen können. Die römischen Baumeister verstanden ihr Fach, und die Provincia kam in den Genuß ihrer Talente.

Hat der Reisende das Glück, daß man ihm erlaubt, in den höchsten Turm der Basilique de Ste-Marie Majeure hinaufzusteigen, wird er mit einer herrlichen Aussicht auf die kleine Stadt und das märchenhafte Land dahinter belohnt, einem Blick über die öde Crau zu den fernen Alpen, hinauf nach Beaucaire und Tarascon und hinab in Richtung Marseille und zum Mittelmeer. Das wunderbar abwechslungsreiche Flachland erstreckt sich auf fast zweihundert Quadratkilometern, begrenzt durch die Rhône im Westen, durch die Alpilles im Norden und durch weit ins Land ragende Lagunen und Flußarme im Osten. Im Süden glitzert das blaue Mittelmeer. Die Crau ist – außer mit angeschwemmten Tonschichten und anderen Ablagerungen – mit feinem Schotter bedeckt, den offensichtlich die Rhône von den alpinen Gletschern herabtransportiert hat.

***

Aber es sind die berühmten Frauen von Arles mit ihrem rabenschwarzen Haar und ihren feurigen Blicken, die das Ansehen der Stadt lebendig halten. Die überaus kleidsame Nationaltracht, die sie bevorzugen, ist unter dem Druck der von Kaufhäusern vermittelten Werte leider im Aussterben begriffen, doch es gibt immer noch viele, die einer traditionellen Kleidung den Vorzug geben, die so unverwechselbar ist wie der Kilt der Schotten und die die natürlichen Reize der Frauen so bewundernswert zur Geltung bringt. Die Tracht besteht aus einem schwarzen Kleid und Schal mit einem üppigen Brusttuch aus weißem Musselin und einer winzig kleinen Spitzenhaube, die von einem breiten schwarzen Samtband festgehalten wird, oder aber von einer Schleife, die mit goldenen oder edelsteinbesetzten Nadeln befestigt ist.

Unter denen, die uns gute Reiseführer über die Provence hinterlassen haben, befindet sich überraschenderweise Alexandre Dumas. Er vermittelt uns einen lebendigen, hellwachen Eindruck. Über die Mädchen von Arles schreibt Dumas:

»Ihr Ruf, schön zu sein, ist vollauf gerechtfertigt und beinhaltet mehr als bloße Schönheit. Sie sind sowohl anmutig im Gebaren als auch von großer Erlesenheit. Ihre Züge sind äußerst fein und vom griechischen Typ; sie haben überwiegend dunkles Haar und schwarze Samtaugen, wie ich sie bisher nur bei Indern oder Arabern erblickt habe.

Dennoch wird man hin und wieder mitten in einer typisch ionischen Gruppe im Vorbeigehen eine junge Frau mit sarazenischen Gesichtszügen entdecken, mit länglichen, schräggestellten Augen; sie hat einen olivfarbene Teint mit jugendlichen Brüsten und den Füßen eines Kindes. Oder man erspäht ein hochgewachsenes Mädchen gallischer Abstammung mit blondem Haar, blauen Augen und einem Gang, der würdevoll und getragen zugleich ist.«

Dieser literarische Schnappschuß wurde in den dreißiger Jahren des neunzehnten Jahrhunderts aufgenommen, doch bietet sich der gleiche Anblick, nur in etwas verdünnter Form, noch heute. Der Geist der Bevölkerung bleibt konstant in seiner Lebendigkeit und seinem Scharfsinn. Und Arles ist trotz seiner verfallenen Monumente nach wie vor von außerordentlicher Schönheit und Traurigkeit.

Die Reize der neuen Stadt nahmen es ohne weiteres auf mit der üppigen Fülle der Märkte von Arles, über die uns Honorius und Theodosius im fünften Jahrhundert folgende Anmerkung hinterlassen haben: »Was der Orient zu erträumen vermocht hat, das in Düfte gehüllte Arabien, das im Luxus schwelgende Assyrien, was Afrikas fruchtbare Scholle hervorgebracht hat und dazu die Früchte aus dem lieblichen Spanien und dem blühenden Gallien – all das ist in Arles in gleicher Menge zu finden wie in seinem Ursprungsland.«

Das reichlich vorhandene Frischwasser ermöglichte es der Stadt, öffentliche Bäder und stattliche Brunnen zu ersinnen. Das Kanalisationssystem hatte einen Durchmesser von drei Meter fünfzig, und in den in weißem Marmor gehaltenen öffentlichen Latrinen gab es fließendes Wasser. Wer in Verlegenheit gerät, austreten zu müssen, wird mit Neid an diese Aspekte der kaiserlich römischen Vergangenheit von Arles zurückdenken, denn dem modernen Franzosen scheint das leibliche Wohl ziemlich gleichgültig zu sein. Diese Tatsache hebt mit hervor, wie schäbig und heruntergekommen das kleine Juwel von einer Stadt geworden ist. Arles hat sich von den Überfällen durch Barbaren der einen oder anderen Sorte, aber hauptsächlich der Sarazenen, nie richtig erholt, obwohl es 400 n. Chr. tatsächlich die Hauptstadt Galliens in seiner damaligen Gestalt wurde und in den Genuß einer zweiten Phase des Ruhms, der Stabilität und des Fortschritts kam.

Im frühen Mittelalter wurde die Stadt von Westgoten überfallen, aber schon 879 hatte sie das Glück, Hauptstadt eines Königreichs zu werden, das zweihundertfünfundfünfzig Jahre währte und von elf Königen regiert wurde; dann wurden die Zügel der Regierung an Konsuln weitergereicht. In den folgenden neunundachtzig Jahren wechselten sich Monarchie und Republik ab, bis 1220 ein bescheidenes Podestat eingeführt wurde. Die übrige Stadtgeschichte ist ereignislos – von Vernachlässigung, Fehlwirtschaft und langsam einsetzendem Ruin gekennzeichnet. Erst die Aussicht, am Tourismus zu verdienen, hat für die künstliche Wiederbelebung des Interesses an prachtvollen Ruinen wie den genannten gesorgt, und die Regierungsbehörden beginnen im Rahmen ihrer Tourismusbudgets tatsächlich Geld für die Instandsetzung auszugeben. In Arles sind nur ein paar wahre Schätze antiker Architektur übrig – es hat furchtbar unter der Zerstörungswut mehrerer Erobererheere gelitten –, und zwar ausnahmslos malerische Ruinen, die man am besten bei Sonnenuntergang oder im Mondschein besichtigt; dann verbirgt der Schatten die leider in großer Zahl fehlenden Steine, denn die alten Bauten mußten oft als Fundgrube für andere Bauvorhaben herhalten. Von dem unter Augustus erbauten Theater ist kaum noch ein Stück im Original erhalten. Aber das macht irgendwie nichts, denn die Stätte ist in ihrer Schönheit unendlich rührend und nostalgisch. Von den ausgezeichneten Museen abgesehen darf ich nicht vergessen, auf das Vorhandensein zweier Juwelen der Romanik hinzuweisen. Ich denke an den einzigartigen Kreuzgang der Kathedrale St-Trophime sowie an den herrlich komplizierten Schmuck ihres großen Portals, in dem sich hohe Bildhauerkunst äußert wie reinste Musik. Auch die ebenso bekannte herrliche Fassade der Kirche St-Gilles wird dem Reisenden im Gedächtnis bleiben. Wer die Atmosphäre der modernen Stadt und ihrer Bewohner genießen möchte, wird sich Zeit nehmen, am berühmten Boulevard des Lices mit seinem breiten Bürgersteig, den komfortablen Cafés und vielen lauschigen Winkeln im Halbschatten hoher Platanen eine Zigarette zu rauchen und etwas zu trinken. Oder man schlendert in der Abenddämmerung die gespenstische Avenue des Alyscamps entlang, zu dem weitläufigen Friedhof, der heute zum poetischsten Teil von Arles gehört, eingebettet in den Schatten, den knorrige Pinien und Eichen werfen. Was mich betrifft, ist dies der malerisch schönste Ort von Arles, und obendrein der stimmungsvollste, der die Phantasie anregt, auch wenn man von Steinsarkophagen gesäumte Wege beschreitet. Im Gegensatz zu den meisten modernen Friedhöfen strahlt er Harmonie und Frieden aus und ist mit seinen grünen, von Bäumen überschatteten Rasenflächen, der ideale Platz für ein Picknick. Die großen christlichen und heidnischen Begräbnisstätten waren einst getrennt, aber das Gelände hat sich im Lauf der Jahrhunderte verkleinert. Einige Teile wurden von der Natur zurückerobert, von Äckern und Weinbergen, während auf andere Schatzsucher und Archäologen Anspruch erhoben haben. Die Kreuze und Sarkophage, die es einst im Überfluß gab, sind zum großen Teil ins städtische Museum geschafft worden (das durch seine Größe und die Mannigfaltigkeit seiner Schätze besticht), viele der Steine fanden außerdem zu dekorativen Zwecken Verwendung, um die berühmte Allée des Sarcophages zu säumen. Diese Straße ist in ihrer Würde und friedlichen Stille so voller Atmosphäre, daß man meint, hier endlich vollständig erfassen zu können, wie es war, ein römischer Bewohner der alten Provence zu sein. Die Avenue des Alyscamps ist so eindrucksvoll, daß es lohnt, sich dafür Zeit zu nehmen und einen ganzen Nachmittag und Abend für die Erforschung ihrer vielfältigen Reize vorzusehen. Den Palast Konstantins kann man nicht mit solchen Superlativen versehen, obwohl er aus historischer Sicht unwiderstehlich interessant ist – denn er wurde nacheinander von westgotischen, ostgotischen und fränkischen Königen bewohnt und dann auch noch von den deutschen Kaisern, als diese angereist kamen, um die Könige von Arles zu krönen. Und zuletzt von den Comtes de Provence... Aber überlassen wir die Geschichte den Geschichtsbüchern, die bewunderswert viel Wissen vermitteln. Dieser Bericht ist zwangsläufig parteiisch und individuell anstatt vollständig; er ist ein Versuch, sich mit Atmosphäre und Stimmungen auseinanderzusetzen.

Am Beginn der Avenue des Alyscamps steht der Arc de St-Césaire, der für die dahinterliegende Nekropole gewissermaßen den Ton angibt. Hier regiert eine Art Tod im Leben. Die elysischen Gefilde von Arles sind uralt und haben eine außerordentliche Vorgeschichte (Ariosto erwähnt sie in *Orlando Furioso*, Dante im *Inferno*). Teile des Friedhofs dienten zeitweise sowohl für christliche als auch heidnische Begräbnisse. Die allmähliche Zersetzung der heidnischen Welt, die Ablösung des Polytheismus mit seinem reichhaltigen Aufgebot an Nymphen, Göttinnen und anderen Gottheiten durch den funktional starreren Monotheismus im jüdisch-christlichen Stil war ein langsamer Vorgang. Man kann seine Geschichte mit Hilfe der langen Liste der Bischöfe und sonstigen kirchlichen Würdenträger verfolgen, die in der Stadtgeschichte eine Rolle gespielt haben. Sie sind nicht alle von gleichem Interesse, aber manche der Legenden über die Wunder, die sie gewirkt haben, sind sehr phantasievoll und nicht ohne Humor. So segnete beispielsweise Sankt Vergilius von Arles Augustinus, bevor dieser nach Kent reiste, um den Angelsachsen die frohe Botschaft zu übermitteln. Eine der herausragenden Gestalten ist zweifellos Sankt Trophimus, der das Christentum in Arles eingeführt hat. Er soll, wie es heute heißt, Grieche – oder wenigstens aus der Provinz Asien – und zugleich derjenige Apostel gewesen sein, der Paulus begleitete und in der Apostelgeschichte, Kapitel 20, Vers 4, erwähnt wird. Als Überbleibsel aus heidnischer Zeit blieb das Gelände von Les Alyscamps auf Grund der Überzeugung unangetastet, daß Christus selbst dort erschienen sei, als der Heilige Trophimus Anspruch auf den Friedhof erhob und ihn für christliche Begräbnisse weihte: Christus kniete nieder, um die Stätte zu segnen, und die Abdrücke, die seine Knie im Fels hinterlassen haben, sind nach wie vor zu sehen. Rund um die geweihte Stelle wurde (1529) eine kleine Kapelle errichtet, die den passenden Namen La Genouillade trägt.

Lange Zeit war dies die begehrteste Begräbnisstätte für

Christen in ganz Europa. Es genügte, einen Leichnam in seinem Sarg die Rhône hinabschwimmen zu lassen: In ein Tuch eingewickelt und mit dem Geld für das Begräbnis im Mund trieb er langsam flußabwärts bis an einen Punkt gegenüber von Trinquetaille. Dort warteten Leute am Fluß, um ihn an Land zu ziehen und zum offiziellen Begräbnis nach Alyscamps zu schaffen, eine Gepflogenheit, die sich jahrhundertelang hielt.

Nachdem 1152 der Leichnam von Sankt Trophimus entfernt worden war, ließ das Interesse jedoch nach. Die monolythischen Grabmäler wurden dem überlassen, der sie haben wollte, und sie wurden viele Jahrhunderte lang als bloße Steinhaufen betrachtet, die für bauliche Zwecke ausgeschlachtet werden durften. Die städtischen Beamten verfielen gar auf die Unsitte, die schön behauenen Sarkophagdeckel als Geschenke der Stadt an prominente Besucher zu vergeben! Ich entsinne mich einer Passage bei Lenthéric, die es wert ist, ungekürzt zitiert zu werden – sie betrifft die Plünderung des Friedhofes.

»Sämtliche Museen im Süden Frankreichs besitzen gestohlene Grabsteine aus Alyscamps... Die Stadt Arles hat bei mehr als einer Gelegenheit tadelnswerte Herablassung bewiesen, indem sie die Grabmäler ihrer Vorväter den Fürsten und großen Männern dieser Welt überlassen hat: Karl IX. hat mehrere Schiffe damit beladen –, die dann bei Pont-St-Esprit in der Rhône versanken. Der

Herzog von Savoyen, der Fürst von Lothringen, Kardinal Richelieu und hundert andere haben mitgenommen, was ihnen beliebte, und Arles hat heute von dem riesengroßen Friedhof kaum mehr vorzuzeigen als eine – wenn auch noble – Allee der Sarkophage und die Fragmente von fünf gotischen oder romanischen Kapellen, die in einer Wüstenei verlorengegangen sind.«

Die kleine Stadt, die wir heute sehen, ist zweifellos auch ein Opfer der Eisenbahn, die sich mitten durch ihr Zentrum gedrängt hat. Solange die Schiffahrt auf dem breiten Strom funktionierte, blühte die heimische Wirtschaft; doch ihr *coup de grâce* war die Einführung der Eisenbahn, die 1848 erfolgte und der zauberhaften alten Begräbnisstätte eine große Ecke abbiß – die Güterabfertigung verschlang sogar ein Stück des Friedhofs. Wenn man so zwischen den Grabsteinen sitzt und die gewaltige Melancholie und Resignation des großartigen Totenackers wahrnimmt, des wohl berühmtesten christlichen Friedhofs in Europa, mutet es seltsam an, das Kreischen zu hören, wenn auf einmal kaum hundert Meter entfernt ein vorbeifahrender Zug hinter den schützenden Bäumen zum Vorschein kommt und wieder verschwindet. Dennoch besitzt der erhalten gebliebene Teil eine wunderbare Atmosphäre des Abschiednehmens, und ich hatte das Glück, ihn bei zahllosen Gelegenheiten und zu verschiedener Jahreszeit zu besuchen. Er verändert sich nie, auch wenn er offensichtlich seiner edelsten Grabsteine beraubt wurde. Er ist einzigartig in seinem Charme.

Diesem unseligen Katalog von Mißgeschicken zum Trotz hat sich Arles seine stolze Haltung bewahrt und glüht immer noch vor Lebendigkeit. Die Stimmung ist einmalig, durch die abendliche Stille hallen Eulenrufe, der Fluß streift die Stadt, und wenn man über ihn hinwegblickt, sieht man die schattigen Randbezirke von Trinquetaille und andere Rabelaissche Winkel, die durch Anspielungen in seinem Buch bekannt geworden sind (Bombe-Cul ist eine davon!).

Am hinteren Ende der von Eulen frequentierten Friedhofsanlage erhebt sich die düstere Domfreiheit von St-Honorat. Die Kirche ist stark zerfallen und verunstaltet, aber irgendwie sinnträchtig in ihrer hallenden Weite. Im elften Jahrhundert versuchte man, sich der Ruine anzunehmen und sie im romanischen Stil wiederaufzubauen; doch das Vorhaben wurde nicht zu Ende geführt. Immerhin gibt ihr der zweistufige, achteckige Turm im romanischen Stil Zusammenhalt, und die Anordnung der Bäume rings herum verleiht ihr Eloquenz und eine Liebenswürdigkeit, die zeitlos ist. *Memento mori!* Selbst der Tod ist in diesem geheiligten Winkel Frankreichs augenscheinlich guter Laune, eine erfreuliche Hypothek auf die Unsterblichkeit der Provence.

Frauen in der Provence

In einem Land so voller Vielfalt, was seine Denkmäler angeht, so voller Wunder jeglicher Epoche erscheint es beinahe boshaft, einige davon auf Kosten der anderen herauszugreifen und besonders zu rühmen, doch ist man im Interesse von Ordnung und Kohärenz dazu gezwungen. Wegen ihrer Eigentümlichkeit besonders interessant ist die seltsame Kalksteinfeste mit Namen Les Baux, die dem Reisenden die Möglichkeit zu einem Picknick bietet, das er so bald nicht wieder vergessen wird. Der kleine Ort thront hoch auf seinem Sitz aus weißem Kalkstein und läßt sich in eine Rundfahrt einbeziehen, die außerdem von Arles nach St-Rémy führen könnte, mit einer Rückfahrt nach Arles über Tarascon. So vermag der Historiker in Glanum die zahlreichen römischen Überreste aufzusuchen und in Tarascon den erhabenen Lauf der von Bäumen gesäumten Rhône zu bewundern. Les Baux dagegen...

Ungefähr zwanzig Kilometer von St-Gabriel entfernt streckt die eher melancholisch wirkende Hügelkette einen südlichen Arm vor, der jäh aus der Ebene aufsteigt und oben ein Plateau bildet, das mit weißen Felsspitzen und Büschen übersät ist. Dieses Plateau ist nicht völlig eben, sondern leicht nach Westen geneigt, dort ragt der geheimnisvolle verlassene Ort Les Baux auf, gewiß eine der romantischsten und malerischsten Stätten im ganzen Land, auch wenn ihre derzeitige Verlassenheit ihr eine ungeheuerliche, ja finstere Atmosphäre verleiht. Der ganze Ort scheint aus Würfelzucker gehauen und erbaut zu sein: Das bröckelige weiße Gestein fügt sich leicht dem Meißel des Steinmetzes. Es handelt sich dem Ursprung nach um Bauxit, so benannt nach der Stelle, an der zum ersten Mal seine Existenz verzeichnet wurde. Das quälende Gefühl der Schwermut, ja fast schon Verzweiflung, das der ganze Ort auslöst, ist auf die Abgeschiedenheit und völlige Leere einer einst gewiß stattlichen barocken Ansiedlung zurückzuführen, die von einem Schloß mit herrlichem Ausblick vom höchsten Turm gekrönt wird. Aber... Adler kreisen langsam am Himmel, und der Wind pfeift schrill durch die Hohlräume des Burgfrieds. Die gemeißelten Steingräber verblichener Sarazenen sind voller Unkraut und hoher Gräser, in denen sich nichts regt außer den Eidechsen, die sich begierig nach der Sonne schlängeln. Und hier ist die gesamte Kulisse errichtet, sind die natürlichen Klippen behauen und ausgehöhlt worden, um ganze Herrenhäuser zu schaffen – samt Fenster und Tür, Gewölbe und Saal, Balkon und Verlies. Die Besteigung ist anstrengend, auch der Aufstieg über einen gut befestigten Burgfried und Turm. Das Band der Straße erinnert zugleich an Petra und auch an Pompeji, und das Ganze ist ohne jeden Hauch menschlichen Lebens. Fernes helles Geläut deutet auf die Anwesenheit einer Schaf- oder Ziegenherde irgendwo außer Sichtweite am Berg hin.

Das ist alles.

Aber wie die meisten geschichtlichen Stätten in diesem Teil der Provence scheint Les Baux Historie geradewegs zu atmen. Seine längste Phase unveränderter Herrschaft hat wohl 1642 begonnen, als Ludwig XIII. den Ort zum Marquisat erklärte und dem von Fürst Honoré Grimaldi regierten Hause Monaco übertrug; er blieb bis zur Revolution von 1789 Teil des monegassischen Erbes.

Bevor sich so der Staub der Geschichte legte, hatte die Grafschaft Les Baux lange Zeit aus einem verwirrenden Haufen von Schlössern und Ländereien (neunundsiebzig *bourgs* oder Gemeinden) bestanden, die zu geographischen Zwecken unter dem Sammelbegriff La Baussenique zusammengefaßt wurden. Dieses reiche und mannigfaltige Besitztum wurde von Ludwig III. begehrt, dem Herzog von Anjou und Grafen der Provence, und 1414 konfisziert, nachdem es von einer 970 ausgestorbenen Familie aus Pons des Baux regiert worden war, deren letzter männlicher Nachkomme aber erst 1374 von der Bildfläche verschwand. Das Grabmal von Raymond des Baux, der Großkämmerer der Königin Johanna von Neapel war, trägt die Inschrift: »Der ruhmreichen Familie Les Baux, von der berichtet wird, sie habe ihren Anfang bei den alten Königen Armeniens genommen, welchen sich, von einem Stern geleitet, der Erlöser der Welt offenbaret hat.«

Im Bossenwerk des Gewölbes der verfallenen Kapelle von St-Claude sieht man noch heute die Wappen dieser längst verstorbenen Fürsten und anderer Adelsfamilien, die in der Ortschaft gelebt haben und ihre Feudalherren waren. Auf dem Wappen derer von Les Baux war ein Stern abgebildet, denn sie behaupteten, direkt von Balthasar abzustammen, einem der Weisen, die aus dem Morgenland kamen, um dem kindlichen Erlöser Geschenke darzubringen. Hört man einer Verlesung ihrer Titel zu, fällt es schwer, nicht die melancholische Last mittelalterlicher Geschichte zu spüren – Podestas von Mailand, Konsuln und Podestas von Arles, wo die Familie ein Schloß besaß, Seneschalle von Piemont, Justitiare des Königreichs Neapel, Fürsten von Orange, Vicomtes von Marseille...

Und das ist noch nicht der ganze Katalog, denn sie können sich außerdem Grafen der Provence, Könige von Arles und Vienne, Fürsten von Achaia, Grafen von Kefallinia nennen und sogar Anspruch auf den Titel Kaiser von Konstantinopel erheben! Was für eine Cocktailparty! Während man der Länge nach diese Honigwabe von einem Ort durchschreitet, der wie von den Pranken eines Riesen zerfetzt und niedergerissen wirkt, läßt es sich gebührend über die Launen der Geschichte und die Grausamkeit von Pomp und Zeremoniell nachsinnen. Man muß mit keiner Widerrede rechnen, außer vom Wind zwischen den Steinen, der hin und wieder einen Büschel wilder Veilchen streift.

Während ich diese Zeilen schreibe, denke ich an das kürzlich erfolgte Ableben von Denis de Rougemont, dem lächelnden Philosophen der Liebe. Mag sein, daß dies auf tragische Art angemessen ist, denn es gibt keinen modernen Schrifsteller, der die Provence so gründlich empfunden und zum Ausdruck gebracht hat wie er in *Die Liebe und das Abendland*, das sich nach seinem anfänglichen internationalen Erfolg verdientermaßen als großer Klassiker des zwanzigsten Jahrhunderts durchgesetzt hat. Eigentlich ist er es, der sich statt meiner dieses Kapitel vornehmen müßte. Das liegt nicht nur daran, daß seine Dokumentation einwandfrei war, sondern auch daran, daß die Rolle der Frau von allerhöchster Bedeutung bei der Herausbildung des europäischen Empfindens war, und somit auch der Literatur, die auf dieses finstere Zeitalter folgen sollte, das sich vom elften bis fünfzehnten Jahrhundert erstreckte, mit seiner allmählich überwältigenden Präsenz der Kathedralen, die wie treibende Ozeandampfer anmuten und vom Klang von Orgelmusik und Chören widerhallen: Paris, Chartres, Laon, Amiens, Reims... Doch hier in der Provence und nirgendwo anders wurde die romantische Liebe erfunden oder wenigstens als Form der metaphysischen Betrachtung bei Hof gebilligt. Dichtung war die Außenhaut des inneren Trachtens. Und als die große heidnische Zivilisation Roms langsam zu Boden ging wie ein preisgekrönter Stier, begannen die Relikte römischer Metaphysik – die Götter und Nymphen, die bis dahin mit ihrer bekannten, aber beängstigenden Gegenwart die natürliche Welt regiert hatten – ein Europa widerzuspiegeln, das der völligen Zersplitterung anheimfiel, zerrissen von den gegensätzlichen Ansprüchen unterschiedlicher Glaubensrichtungen und Völker. Aber während es allenthalben gärte, war die Frau emsig dabei, einen Platz für sich zu schaffen und ein Modell zu entwerfen, an dem sich das europäische Empfinden orientieren konnte. So kam es zu der unerwarteten, wenn nicht gar bizarren Konvention – oder war es nur ein Gesellschaftsspiel? – der Liebes-Tribunale, die hinzunehmen der moderne Gelehrte sich nach wie vor schwer tut; einige moderne Untersuchungen haben sogar versucht, die Existenz solcher Gerichte in Zweifel zu ziehen, aber wir haben genügend anderslautende Beweise und können es uns leisten, ihre Eigentümlichkeit rückhaltlos zu akzeptieren.

Ihr liebenswerter Kodex war weit davon entfernt, eine Parodie auf die staatliche Justiz zu sein, obwohl das Grundschema das gleiche war. Das Verfahren fand unter dem Vorsitz einer bedeutenden Schönheit, einer angesehenen *châtelaine* statt und führte nicht nur die Blüte des Adels, sondern auch die gebildetsten Köpfe, Spielleute und Hofdichter zusammen. Offenbar wurde die Praxis im Midi erfunden und breitete sich von einem Schloß zum anderen, von einer Schönen zur anderen langsam nach Norden aus. Viele Faktoren kamen zusammen, um den Erfolg des Brauchs sicherzustellen. Er sorgte dafür, daß die kühnen, kecken Barone im Winter Gesellschaft hatten, was besonders während der Schonzeit geschätzt wurde, denn die Provence hat Winter, die zwar kurz, aber recht heftig sind; man kann schließlich nicht sein ganzes Leben auf der Jagd zubringen. Außerdem übten und erzogen die Liebes-Tribunale mit ihren genau ausgearbeiteten und sorgsam eingehaltenen Regeln in gewisser Hinsicht die derben Gemüter dieser geharnischten Männer, die sich mit Vorliebe *Fervestus* nannten, »der in Eisen gekleidete« – die mittelalterliche Version des »Macho«!

Dies alles war mehr als nur eine liebenswerte soziale Idee, ein Appell, sich gegenüber dem schönen Geschlecht anständig zu benehmen und in der Liebe fair zu sein... Bedeutende Schönheiten der damaligen Zeit, die ihrer Sache sicher waren, konnten über die Herzen ihrer Bewunderer und deren Verhalten quasi unumschränkt bestimmen. Ganze Welten der Empfindung wurden von der zugehörigen Dichtkunst heraufbeschworen und in hehre Gefühle umgesetzt. Die Liebespoesie versuchte, die Natur des Eros zu ergründen, ihn mit Hilfe des Kodex zu vergegenwärtigen. Das macht Institutionen wie das Liebes-Tribunal von Les Baux so originell, so prägnant und das Ringen der höfischen Dichter (der Troubadoure) so lehrreich. Es war wesentlich mehr als nur eine Laune der gehobenen Gesellschaft, eine Bagatelle für die sentimentalen oder hochgesinnten Damen der Provence. Es war der Versuch, eine Schule mit einem Kodex nicht nur der Moral, sondern auch der Ästhetik zu begründen. Das Thema war natürlich die Liebe – Liebe in ihrer poetischen Dimension! Hier stoßen wir auf ein charmantes Paradoxon. Es geht um den starken Einfluß spanisch-muslimischer Ideen auf den Kodex der Liebe. Persische Liebesdichter wie Djalal al-Din Rumi spielten eine wesentliche Rolle bei der Formulierung der eher esoterischen Teile des Kodex: Das Gemisch aus sexueller Ekstase und transzendenter Evokation, die dunkle Seite des Mondes, erhielt aus solchen Quellen starke Impulse. Es ist schon ein seltsamer Gedanke, daß ganz Europa, wenn es Karl Martell nicht gegeben hätte, heute muslimisch wäre!

Wir sehen also, wie die große Dame von einst scheinbar spielerisch daranging, einen Stil, einen Kodex durchzusetzen, in dem der Liebe, dem kostbarsten aller Gefühle, ihre eigenen Werte zugeordnet werden konnten. Sie plädierte für einen neuen Anstand in der Liebe, für etwas, das ihrer neuen Stellung gerecht wurde. Mit dem Untergang Roms war sie von der Heiligen Schrift nominell für frei erklärt worden; doch die Kirchenväter verwünschten sie in einem fort, nannten sie »Plage der Menschheit«, »Höllentor«, »verlängerter Arm des Teufels«, »Vorhut der Hölle«, »Dämonenbrut«: soweit die haßerfüllten Stimmen der Heiligen Johannes Chrysostomus, Antonius,

Hieronymus und anderer Christen mit ähnlicher Einstellung. Das römische Reich mit seiner bunten Nymphen- und Götterschar war zwar poetisch zufriedenstellend, tat aber nichts dazu, die Frau vor dem Gesetz auch nur nominell gleichzustellen. Die römische Welt war ausschließlich maskulin orientiert und Rechte gegenüber dem Staat waren, soweit sie überhaupt existierten, von der Konzeption her allein auf den Mann ausgerichtet. Es ist irgendwie paradox, daß es die Heilige Schrift war, die der Frau zum ersten Mal eine neue theologische Freiheit zugestand – und diese beeilte sich, sie anzunehmen. Als Paulus bemerkte: »Es gibt weder Juden noch Griechen, weder Leibeigene noch Freie, weder Mann noch Weib«, schuf er Platz für den neuen Begriff der menschlichen »Person«, der bis dahin nur eine Maske für die Bühne bezeichnet hatte. An genau diesem Punkt beginnt man den Schatten des Ichs wahrzunehmen, der sich über das europäische Denken ausbreitet. In dieser Ausbreitung eines Christentums, das fest im jüdischen Monotheismus verankert ist, können wir den Anfang vom Ende eines Europas ablesen, das sich erst noch durchs sterile frühe Mittelalter vorarbeiten mußte, durch die Kriege und Revolutionen, die im Turnus aufeinander folgten wie die Jahreszeiten. Die Bekehrung Europas zum Christentum war vorwiegend dem Enthusiasmus der Frauen zu verdanken, von denen viele Königinnen und Prinzessinnen waren und von denen einige Heilige oder berühmte Eremitinnen und

Klausnerinnen werden sollten. In einem Zeitalter des Verfalls und der Auflösung war die römische Welt zerbrochen wie eine Maske. Sie hatte eine widersprüchliche Masse von Überzeugungen und Impulsen hinterlassen, die kein zusammenhängendes, abgerundetes Bild der Lage ergaben, dem sich der Historiker jener Zeit hätte verschreiben können. Demzufolge gibt es mehr Fragen als Antworten, und viele sind offenkundige Widersprüche, die er überwinden muß, wenn er das Zeitalter in den Brennpunkt zu rücken versucht und insbesondere dann, wenn er die provenzalische Frau ins Bild rücken und auf heimatlichem Boden darstellen will. Durch sie wurde das europäische Empfinden artikuliert und geformt, und wir können aus ihrem Kampf ersehen, daß es ihr um das Recht der Frau in Sachen Liebe ging. Die höfische Liebe war ein derart origineller Weg, daß die moderne Wissenschaft lange gezögert hat, sich damit zu befassen. Sie wurde samt edleren Gefühlen und vornehmerem Gebaren als Kontrast zur gewöhnlichen Beziehungsvariante erfunden, einer Transaktion, bei der die Rolle der Frau nur die einer verkäuflichen Habe war, die von einem Adligen, auf der Suche nach Nachwuchs oder nach Zerstreuung in seinem kalten Schloß, gekauft oder eingetauscht werden konnte.

Das berühmteste der Liebes-Tribunale war zweifellos das, welches rund um die illustre Eleonore von Aquitanien zusammentrat; es war und ist das Vorbild der Gattung. Eleonore, die in erster Linie Königin von Frankreich und die Gemahlin Ludwigs VII. war, wurde später Königin von England. Ihre Schönheit und Liebenswürdigkeit waren legendär, und die Dichter der damaligen Zeit zögerten nicht, dieser Tatsache Ausdruck zu verleihen. Ihr Loblied wurde von den bekanntesten Troubadouren gesungen, darunter auch Bernart de Ventadorn, und sie galt noch in hohem Alter, nämlich mit sechzig Jahren, als Inbegriff von Schönheit und höchster Eleganz. Ihre Tochter, die Gräfin Marie de Champagne, versammelte in ihrem Schloß in Troyes eine ebenso brillante Schar dichterischer Bewunderer, unter denen wir auf die Namen Chrétien de Troyes und André le Chapelain stoßen: Der Kodex der Ritterlichkeit war so streng wie jener der Liebe.

Die Regeln ritterlichen Verhaltens strebten an, die Gefühle zu verfeinern und zu vervollkommnen, welche beim Austausch zweier Herzen aufkamen, die sich in Poesie und zärtlicher Anbetung äußerten. Eine ganze Literatur ist rund um die Ausübung und die Gebote des Code de l'Amour Courtois entstanden, und die Liebes-Tribunale mit ihren Scheinprozessen und Urteilen über bestimmte Fälle des Verhaltens in der Liebe trugen viel dazu bei, den gesellschaftlichen Umgang zu regeln und die Moral zu verbessern. In einem derart rauhen und ungeschlachten Zeitalter wirkten sich die Tribunale nicht nur humanisierend auf die Gewohnheiten und Gefühle schlichter Höflinge aus, sondern traten auch hartnäckig für die weibliche Präsenz als Gegenstand höfischer Anbetung ein. Mit ebensolcher Berechtigung könnte man auf den bereichernden Effekt hinweisen, den diese literarischen *tournées* auf die Dichtkunst und Sprache im allgemeinen ausgeübt haben. Die Liebes-Tribunale waren ein primitives Laboratorium, in dem sich die ersten Troubadoure Klarheit über ihre Gefühle verschafften, indem sie sie kodifizierten, und Texte mit Musik verbanden, die eine lebendige Muse besangen. Der Gelehrte von heute, der die meiste Arbeit zu diesem vergnüglichen Thema geleistet hat, ist Dr. René Nelli, und es wäre möglich, daß er in dieser Angelegenheit das letzte Wort gesprochen hat. Seine Essays, so human und so verständig zugleich, sind für sich genommen voller Poesie. Ihm zufolge ermöglicht es der Liebeskodex dem Gefühl, sich zu reinigen und durch Selbstverleugnung herauszudestillieren, was fast auf eine Art tantrischer Läuterung jener Art hinausläuft, die in einigen Yogapraktiken zu finden ist. Das Liebesempfinden macht einen Prozeß der »Kristallisierung« durch, der die ganze Aufmerksamkeit und Geduld des Liebenden beansprucht. Eines ist klar: Auf die Dichter der Regionen Languedoc und Aquitanien hat der Einfluß des muslimischen Spanien am entscheidensten und profundesten gewirkt. Das scheint jedenfalls die gereifte Ansicht Dr. Nellis zu sein, und er hat eine beeindruckende Anzahl von Beweisen aufgefahren, um sie zu stützen; wir müssen uns dem Gewicht seiner Gelehrsamkeit beugen. Selbst Stendhal hat auf den Seiten von *Über die Liebe* das Wort »Kristallisierung« als Begriff der Troubadourliebe von ihm übernommen.

»Doch es ist eine neue Ära, ein neues Jahrhundert angebrochen!

Hängt der Schatten der romantischen Liebe noch über der modernen Provence oder hat sich sich ihre grundlegende Typologie verändert?«

Einige Wissenschaftler haben versucht, die Realität der Liebes-Tribunale irgendwie fragwürdig erscheinen zu lassen, aber es scheint nun einmal zweifelsfrei erwiesen, daß es sie tatsächlich gegeben hat und daß sie mehr waren als eine höfische Lustbarkeit, um die winterliche Langeweile des Schloßlebens zu vertreiben. Sie boten eine Begegnungsstätte für anspruchsvolle Gefühle und anspruchsvolle Dichtung. Sie halfen, sowohl diese Gefühle als auch die noch junge provenzalische Sprache zu definieren, die vom Verfall bedroht war, weil sie kaum benutzt wurde. Als Benimmschule waren die Gerichte einzigartig, auch wenn sie leichten Herzens durchgeführt wurden, wie es einer Schule philosophischer Anbeter gebührte, denen es um die Verherrlichung der schönen *châtelaine* des Schlosses ging. Und das ganze war wie gesagt mehr als ein höfisches Gesellschaftsspiel, denn es regelte das Benehmen bei Hof, merzte weitgehend die Grobheiten feudalen Gebarens aus und machte das Recht der Frau geltend, in angemessener

Würde mit Hilfe edler Poesie angebetet zu werden. Die Idee brauchte lange, um sich durchzusetzen, denn sie mußte sich gegen eine Unzahl anderer Ideen behaupten, die aus verschiedenen Richtungen eingebracht wurden und sich bemühten, das Vakuum zu füllen, das die schwelenden Überreste eines aussterbenden Heidentums hinterlassen hatten. Man denkt dabei an außerordentliche Aufbrüche wie das Konzil von Mâcon (von dem man uns warnend mitteilt, es sei vermutlich apokryph), auf dem die Kirchenväter mit knapper Mehrheit dafür stimmten, der Frau genau wie dem Mann eine Seele zuzugestehen! Alles, was recht ist!

Der große Kanon der Troubadourdichtung trägt in seiner hohen Qualität und Weitschweifigkeit erheblich dazu bei, skeptische Gelehrte Lügen zu strafen. Die Sache mit der höfischen Liebe war mehr als ein romantisches Paradoxon unter Einbeziehung des Faktors der Theatralik, der im mediterranen Gemüt immer eine bedeutende Rolle spielte. Etwas Tiefes, Reines, das der Region, dem Land der Provence anhaftete, wurde mit Hilfe dieser ungewöhnlichen und einfallsreichen Methoden zum Ausdruck gebracht. Und das beste daran war, daß die schlummernde Sprache unter der Berührung neuer Musik, neuer Texte, neuer Leidenschaften erwachte. Bis sich die Minnedichtung durchsetzte, spielte sich das ganze Liebeswerben auf kaum höheren Niveau ab als die Wildschweinjagden des Adels. Man braucht nur an die Mordgesellen zu denken, die ihr armseliges Leben mit Blutvergießen und der Plünderung des Besitzes ihrer Nachbarn zubrachten. Zeugungswillige Taschendiebe mit Seelen so grob belassen wie Blutwurst! Und dann wird ihnen noch ihre Unfähigkeit vorgeworfen, mit gebührender Würde und Pein zu lieben!

Mit dem stetigen Niedergang des Heidentums und dem immer festeren Zugriff der Väter des Christentums auf die Gedanken und das Betragen der Epoche wurde eine neue Frau geboren die es schaffte, eine Skizze ihres Charakters auf die Vorstellungen zu projizieren, die der höfischen Liebe und ihren Ableitungen entsprangen, und zwar in erlesener Poesie und leidenschaftlichen Denkmodellen in der Literatur. Von unserem Standpunkt in der Geschichte aus betrachtet erscheint es ganz eindeutig, daß es die einzige sinnvolle Betätigung für vernunftbegabte Männer und Frauen ist, über die Liebe nachzudenken – eingehend und unaufhörlich und unter Berücksichtigung aller Feinheiten. Doch die Idee entwickelte sich langsam, unter vielen Vorurteilen. Die Provence hatte durchaus ihre Philister, eine ungeschickte Bezeichnung für Männer, die weder Hinterköpfe haben noch Ideen über ihren engen Horizont hinaus. Dabei wird das Wort »Liebe« nicht leichtfertig oder unzüchtig gebraucht, denn die Frauen, die das neue System einführten, hatten erkannt, wie es von diesem neuen philosophischen Epizentrum aus über die Liebe nachzudenken gilt. Sie beschritten die Pfade, die von den Gedanken Platos und Aristoteles' geebnet worden waren. Die Liebe war eine Form metaphysischen Forschens, und durch ihr poetisches Denken wurde die Zukunft, wie sie sich einst ihren Kindern darstellen würde, bereichert und mit Resonanzen versehen. Und die ihnen ergebenen Dichter und Troubadoure und Kavaliere hatten unmittelbar an diesem Einfluß teil, und jene, die keine ungehobelten Klötze waren, erkannten, daß auch sie eine dichterische Pflicht hatten. Sie mußten lernen, die dreifache Vorstellung von der Geliebten, Ehefrau und Göttin mit allen anderen Auffassungen von Fraulichkeit in Einklang zu bringen, deren Schatten auf das ganze Leben abfärbten und es sowohl reich als auch mannigfaltig und gewichtig machte. Mutter, Amme, Muse, Despotin, Sklavin, Verbündete, Mitverschwörerin, Anbeterin, Richterin! Die Satzung der Liebe war endlos lang...

Man ist verblüfft über die Dynamik und den Ideenreichtum, der die neue Frau kennzeichnet. Man braucht nur unter den vielen ihrer Art eine Gestalt wie Fabiola herauszugreifen, eine römische Dame der feinen Gesellschaft, die in den Bann des Heiligen Hieronymus geriet und seine Schülerin wurde. Betroffen von der Zahl der Pilger, die nach Rom kamen, nur um dort ohne Mittel auf dem Trockenen zu sitzen, machte sie sich daran, das erste *nosokomeion*, eine Art Herberge einzurichten – das Urbild des öffentlichen Wohnheims. Und als sie der Zahl der Pilger auf dem Weg ins Heilige Land ansichtig wurde, die in

Ostia an Land gingen, gründete sie das erste *xenodocheion*, ein Hotel, um sie willkommen zu heißen (das griechische Wort bedeutet wörtlich »Fremdenbehältnis«, denn das Konzept des Hotels war ganz neu). Nicht lange danach standen an allen Straßen, die nach Jerusalem führten, an strategischen Stellen ihre Unterkünfte. Und das alles war der Eingebung eines einzelnen römischen Mädchens zu verdanken, das die Lehren des Hieronymus beeindruckt hatten!

Auf jeden Fall hatten die Liebes-Tribunale eine eindeutig pädagogische Funktion: Löwenbändigen in großem Maßstab und zudem eine Proklamation des Adels für die schöne Literatur. Gewöhnliche Bedienstete und Kleinkrämer waren von den Schmerzen und Kümmernissen des alltäglichen Lebens zu beschäftigt, um viel weiter zu denken als bis zum unmittelbaren Bedürfnis nach Unterbringung und Verpflegung. Höfische Liebe, wie sie sich unter der sachteren Berührung dichterischer Sensibilität herausbildete, erhob Empfindung zum *gai savoir* weniger Glücklicher. Stendhal kannte sich auf dem Terrain sofort aus, als er nach Südfrankreich kam und die Glocken von Avignon hörte. Aber natürlich muß alles längst unter der Oberfläche vorhanden gewesen sein und kam nicht über Nacht zustande. Insbesondere die Sprache mit ihren feinen Akzenten und ihren Werten, die fest im Choral des menschlichen Herzens verwurzelt sind, stand bereit und harrte ihrer Troubadoure. Die jedoch waren ein uneinheitlicher, unberechenbarer Haufen, und die seltsame Polarität ihrer Gefühle löst manchmal ein Frösteln aus, wo sie Erregung auslösen sollte. Absolute Leidenschaften konnten gerade ihrer Exzesse wegen in Leid umschlagen, und manchmal wurde der Historiker durch das Streben nach falschen Effekten irregeführt, selbst ein derart gewissenhafter Apologet wie J.A. Symonds, der den Werdegang des seinerzeit als Liebesdichter so berühmten Fouquet mit folgenden Worten umreißt: »Der sanfte Melodiker, den Dante im Paradies angesiedelt hat, diente Adelaise, der Gemahlin Béralds, mit langer Fron unglücklicher Liebe und schrieb bei ihrem Tod ›Die Klage Bérald des Baux' um seine Adelaise‹.« Die Realität sah jedoch ein wenig anders aus, war doch dieser Fouquet so bekümmert, daß er nach dem Tod seiner Herrin in Cîteaux Mönch wurde und zum Bischof von Marseille und dann zum Erzbischof von Toulouse aufstieg. In dieser, seiner letzten Rolle trat offenbar sein eingefleischter Fanatismus zutage, denn

»... im Umgang mit den Albigensern befleißigte er sich der Wildheit eines Wolfes. Es gab während des gesamten Krieges keinen Akt des Verrats oder der Grausamkeit, bei dem er sich nicht als besonders dreist, mordlustig und gewissenlos hervorgetan hätte. Nachdem er sein halbes Leben der Ritterlichkeit gewidmet hatte, gab er sich rückhaltlos dem Anliegen von Tyrannei, Mord und Raub hin und zog auf die unseligste Weise seinen Nutzen daraus ... Als leidenschaftlicher Liebhaber der Frauen und grimmer Fürsprecher der Inquisition gab er das Schmieden von Versen nicht auf, die den Stempel seiner aufeinanderfolgenden Leidenschaften trugen.«

Ein anderer gefeierter Dichter dieser illustren Schar war Guillem de Cabestanh, der das Loblied von Berengaria des Baux anstimmte. Doch die Zeit verging, und das Herz des Dichters erwies sich als wankelmütig: Er wandte seine Aufmerksamkeit der lieblicheren Sermonda zu, der Gemahlin des heißblütigen Raymond de Roussillon, der seinen Widerwillen gegen diese romantische Schöntuerei mit einem für ihn typischen und originellen Wutanfall kundtat: Er lauerte dem Troubadour auf, erschlug ihn, schnitt ihm das Herz aus dem Leib und befahl seinem Koch, es noch am selben Tag zum Abendessen aufzutischen. Seine Gemahlin verspeiste unwissentlich eine Portion, ehe ihr mitgeteilt wurde, daß sie das Herz ihres Liebhabers zu sich genommen hatte. Sie war darüber so entsetzt, daß sie sich aus dem höchsten Fenster des Schlosses warf und an den Felsspitzen zerschmettert wurde. Diese Greueltat gab Anlaß zu einem Bürgerkrieg, denn die Verwandten von Sermonda und Guillem de Cabestanh appellierten an König Alfons II. von Aragonien, Rache zu üben, und der reagierte, indem er mit seinem Freibeuterheer *à la maraude* über die Ländereien des Grafen von Roussillon herfiel und alles und jeden der Prüfung durch Feuer und Schwert unterzog. Eine peinliche Geschichte, die ich nur zitiere, um den Zufallscharakter der menschlichen Beziehungen zwischen diesen leicht ausgerasteten Poeten der Liebe und ihren Musen zu veranschaulichen.

Es liegen jedoch genügend Beweise für die Gewichtigkeit und Erfindungsgabe der Liebes-Tribunale vor, um uns zu gestatten, sie ernst zu nehmen. Außerdem ist auch wahre Liebe erblüht und hat sich bloßem Snobismus gegenüber behauptet. Mindestens zwei Angehörige der fürstlichen Familie waren nämlich stolz darauf, selbst den Beruf ergriffen zu haben, Bernard des Baux im zwölften und Rambaud des Baux im dreizehnten Jahrhundert. Und dann zeigt natürlich das alles in den Schatten stellende Vorbild Dantes und Petrarcas eindeutig, daß das menschliche Empfinden nach einem neuen Herangehen an die Liebe und die Rolle der Frau hungerte.

»Die Liebes-Tribunale waren ursprünglich Gerichtshöfe, an denen die Regeln der Sangeskunst niedergelegt wurden. Sie äußerten sich zur Qualifikation eines Kandidaten, sie verfeinerten und bewahrten das Provenzalische in seiner reinen Form, bestimmten die Themen, nach denen die Troubadoure ihre Lieder zu komponieren hatten, beurteilten ihre Ansprüche, legten ihre Streitigkeiten bei, würdigten ihre Verdienste und bestraften mit Entehrung oder Ausschluß all jene, die gegen die Gesetze verstoßen hatten. Im zwölften Jahrhundert stellten die von Adelsfrauen geleiteten Gerichte eine provenzalische Grammatik auf, in der die Regeln der Mundart festgelegt wurden ... Doch die Liebes-Tribunale gingen noch weiter. Sie regulierten die Liebe; sie erlaubten es verheirateten Frauen, die Huldigungen von Bewunderern entgegenzunehmen und befanden sogar darüber, inwieweit sie diese öffentlich erwidern durften.« (S. Baring-Gould, 1891)

Anschließend jedoch tut dieser eher schockierte viktorianische Pfarrer die ganze Angelegenheit als Zeitvertreib und »ernste Narretei« ab. Meiner Ansicht nach ein schwerer Fehler, auch wenn die historischen Belege sehr verschiedenartig sind und man in diesem Geschäft nahezu alles beweisen kann, was man will.

* * *

Ja, Denis de Rougemont hatte recht, als er sagte, daß das Herz eines jeden Buchs über die Provence die Geschichte der modernen Liebe sei: Womöglich wäre also George Meredith der Dichter der Wahl? Er wüßte mit Sicherheit den romantischen Elan zu schätzen, dem man heute noch unter der Oberfläche des abgedroschenen Gebarens sovieler gewöhnlicher Menschen begegnet. Dazu fällt mir

Catha Aldington ein: Als sie ihren stierbegeisterten Mann Jacques heiratete, der in der Camargue Kampfstiere züchtete, war sie nicht im geringsten überrascht, als er an einem Wochenende ausritt und von der Bildfläche verschwand. Bei seiner Rückkehr erklärte er, in Avignon gewesen zu sein, um die Werke Shakespeares ausfindig zu machen, »da es undenkbar wäre, ein Mädchen zu heiraten, dessen nationale Dichtung, dessen Herz man nicht kennt!« Niemand schien dieses Bedürfnis als ungewöhnlich anzusehen. In der Provence ist man irgendwie unbewußt überzeugt, daß ehrliche Zuneigung Seelen zum Erstrahlen bringt und vervollkommnet, genau wie man dort immer noch glaubt, daß die Augen der Sitz der Seele sind. Daher das bäuerliche Sprichwort: »Jeder kann ein Kind machen, *mais il faut parfaire les yeux.*« Die Jugend mag geneigt sein, diese romantische Haltung zu verspotten, doch es gibt nach den Exzessen der sechziger und siebziger Jahre einige, denen die provenzalische Erleuchtung gekommen ist und die zum Glauben an den erlesenen Stil in der Liebe zurückfinden.

»Aber die wahre Veranlagung dieses grimmigen Menschenschlags zeigte sich weder unter den Troubadouren noch an den Gerichtshöfen der Liebe und Schönheit. Der strenge und kahle Fels, dem sie entsprungen sind, und der Komet auf ihrem Wappen sind die wahren Sinnbilder ihres Charakters. Die Geschichte verzeichnet ohne Ende ihre Verwüstungen und Gemetzel. Sie ist ein ermüdender Katalog des Blutes... Es gibt in der Feudalgeschichte nichts Schreckliches, Prachtvolles, Barbarisches, für das sich in den Annalen von Les Baux, erzählt von dem Chronisten Jules Canonge, nicht ein Beispiel entdecken ließe.« (J. A. Symonds)

Ja, so sah das ungeeignete Menschenmaterial aus, an dem sich unsere edlen Damen zu schaffen machten und den rauhen Herzen dieser Feudalherren einen Anschein von Kultiviertheit und Charme abzuringen versuchten. Daß erlesene Dichtkunst hier in dieser furchterregenden Feste und anderen von ähnlicher Art ihre Primärquelle gefunden hat, ist ein Zeichen für ihre hochentwickelte Intuition und ihre Lebensart. Nicht alle romantische Literatur war, wie ihre Biographien verraten, bloße Rhetorik. Einige Bindungen beruhten auf Leidenschaften, die sich als tödlich erwiesen. Aber wie soll man auch nur ihren Namen widerstehen?

Im Jahre 1244 wetteiferten die Troubadoure miteinander, Cecilia des Baux zu rühmen, die sie wegen ihrer außerordentlichen Schönheit Passerose tauften. Andere Schönheiten, alle aus derselben Familie, waren Clairette und Etiennette de Ganteaume, und Baussette, die Tochter von Hugo des Baux, die von Roger von Arles gepriesen wurde. Nicht vergessen dürfen wir, daß der Satiriker Cervantes diese Variante der höfischen Liebe mit seiner »unvergleichlichen« Dulcinea de Toboso angeprangert hat. Allerdings neige ich dazu, anzunehmen, daß die grundsätzliche Derbheit des spanischen Charakters mit ihrem tiefen, aber unterdrückten Frauenhaß daran schuld war – dem Autor entging das Wesentliche an der provenzalischen Erfindungsgabe –, nicht jedoch Dante, nicht Petrarca! Ein weiterer Missetäter war der schelmische König René von Anjou, der sich darauf verstand, böswillige Spitznamen auszuteilen, die kleben blieben. Er ersann wenig schmeichelhafte Bezeichnungen wie Inconstance des Baux, Déloyauté de Beaufort, Envie de Candole, Dissolution de Castelane, Sottise de Grasse und Opiniâtreté de Sade ... Man fragt sich, ob er auch Freunde hatte!

Aber natürlich ist, wie de Rougemont uns in Erinnerung gerufen hat, Unehrlichkeit und Verstellung die einzige echte Gefahr; sie sind Feinde des menschlichen Herzens. Andererseits fällt mir ein, daß jemand einmal gesagt hat: »Als Mann wäre ich ein klein wenig unsicher gegenüber Mädchen mit so sagenhaft schönen Namen, vor lauter Angst, sie könnten sich bei näherer Bekanntschaft in Prousts Chauffeur verwandeln!«

Der Hauptschlüssel zum ganzen Thema der höfischen Liebe ist *L'Art d'Aimer*, eine in der Bibliothèque Nationale aufbewahrte Handschrift (Lat 8748). Es handelt sich um ein schmuckes Pergament aus dem vierzehnten Jahrhundert in hervorragend erhaltenem Zustand, und der Text samt Varianten ist schon oft nachgedruckt worden.

Er ist wie die meisten mittelalterlichen Schriften der Zeit Ovid (*Ars Amatoria*) verpflichtet, nur mit dem Unterschied, daß sich Ovid auf den Kitzel konzentriert hat, während dies... es befindet sich einfach nicht auf demselben Vektor, auch wenn es dasselbe Quellenmaterial benutzt. Wir wissen nichts über den Verfasser, außer seinem Namen und der Tatsache, daß er ein Mann der Kirche war, genau genommen ein Kaplan. Das ist verblüffend, denn es könnte bedeuten, daß er der Hofgeistliche einer hochgestellten Persönlichkeit wie der Königin von Frankreich oder Papst Innozenz IV. war. Der kleine Band ist eine ernsthafte und erschöpfende Untersuchung des Themas und ist einem gewissen Gauthier gewidmet, über den es heißt, er sei »désireux de servir dans la Chevalerie d'Amour«, einer Art Bruderschaft der höfischen Liebhaber, die sich der Wissenschaft des persönlichen Glücks verschrieben hatten. Behandelt wird das Thema der Liebe als Kunstform. Ja, *L'Art d'Aimer* von André Le Chapelain ist das Lexikon der höfischen Liebe, wie sie von den bedeutenden Frauen gesehen wurde, die bei den Liebes-Tribunalen den Vorsitz führten, sowie von den Troubadouren, deren Gesänge die Liebesverhältnisse darstellten, die zur Debatte, zur Beurteilung anstanden. Ihr Wert wurde von der reizenden weiblichen Geschworenen von hohem Stand ermittelt, das Urteil über den jeweiligen Fall gesprochen: Entsprach er den vereinbarten Regeln höfischer Liebe? Die kleine Abhandlung erwähnt eine Reihe von

Verfahren und eine Reihe von Urteilen über Beispiele ritterlichen Gebarens, und man ist erstaunt, aus den Texten die Namen bekannter Figuren der Gesellschaft hervortreten zu sehen: »Sieben für die Gräfin der Champagne, sieben für die Edle Ermengarde von Narbonne, drei von Königin Eleonore, drei von der Königin Frankreichs und zwei von der Gräfin von Flandern.« Der Glaube an die Existenz dieser Gerichtssitzungen erhält dadurch erhebliches Gewicht.

Wie aber steht es mit dem eigentlichen Kodex?

Er ist nicht dogmatisch, sondern als Anregung gedacht: Er strebt an, im Benutzer höfische Gesinnung hervorzurufen, und erklärt alle menschlichen Tugenden für wünschenswert und fruchtbar bei dem so gesinnten Liebenden. Das dritte Kapitel der Abhandlung legt sie in Form zweier Listen vor, einer kürzeren, die in dreizehn Gebote unterteilt ist, und einer längeren aus einunddreißig »Gesetzen«. Sie sind hier aus dem Text von Le Chapelain vollständig übertragen, da sie eine Art Skizze der höfischen Philosophie und des idealen Charakters ergeben, den man dem Liebenden wünschen sollte. Außerdem sind sie als Kommentar zur Moral des zwölften Jahrhunderts interessant. Vielleicht fasziniert dieses kleine Buch der Regeln den heutigen Leser auch als kurz gefaßte Psychologie.

Die Hauptgebote der Liebe

1. Meide jegliche Gier wie die Pest; im Gegenteil, laß Großzügigkeit walten.
2. Erzähle keine Lügen.
3. Verleumde nicht.
4. Verrate nicht die Geheimnisse der Liebenden.
5. Vertraue deine Liebe nicht zuvielen Menschen an.
6. Halte dich rein für den geliebten Menschen.
7. Strebe nicht bewußt danach, die Liebe eines anderen zu hintertreiben.
8. Werbe nicht um die Liebe eines Menschen, den du dich schämen würdest, zu ehelichen.
9. Befolge alle Anordnungen, die der Ritterorden der Liebe erläßt.
10. Bemühe dich, immer würdig zu sein, dem Ritterorden der Liebe anzugehören.
11. Sei unter allen Umständen höflich und ritterlich.
12. Indem du dich selbst den Wonnen der Liebe hingibst, setze dich nicht über das Verlangen des geliebten Menschen hinweg.
13. Ob du beim Liebesakt Freude schenkst oder entgegennimmst, bewahre dir immer eine gewisse natürliche Scheu.

Soweit die einleitende Aussage; es folgt ein weiteres Kapitel, länger und detaillierter, das einunddreißig zusätzliche

Gebote aufführt. Der Vollständigkeit halber füge ich sie übersetzt hinzu.

Die Regeln des Liebeshandwerks

1. Der Vorwand der Ehe ist kein entschuldbarer Dispens gegenüber den Rechten der Liebe.
2. Liebende, die keine Eifersucht empfinden, können nicht wirklich lieben.
3. Niemand soll zwei Liebesbeziehungen auf einmal haben.
4. Liebe nimmt von Natur aus ständig zu und ab.
5. Es steckt keine Freude in dem, was man sich gegen den Wunsch des geliebten Menschen verschafft.
6. Der Mann kann erst nach der Pubertät wahrhaft lieben.
7. Nach dem Tod des geliebten Menschen sollte der Überlebende zwei Jahre warten.
8. Niemandem sollte ohne gute Gründe das Objekt seiner Leidenschaft vorenthalten werden.
9. Niemand liebt wirklich ohne berechtigte Hoffnung auf Gegenliebe.
10. Wahre Liebe meidet ein Haus voller Gier wie die Pest.
11. Man soll niemanden lieben, den man sich schämen würde, zu ehelichen.
12. Der vollendete Liebende ersehnt nur die Küsse des geliebten Menschen und keines anderen.

13. Eine Liebe, die zuvielen anderen anvertraut wird, hat selten Bestand.
14. Eine leichte Eroberung entwertet die Liebe, doch eine schwierige steigert ihren Wert.
15. Alle Liebenden sollen in Gegenwart des geliebten Menschen erbleichen.
16. Der unerwartete Anblick des geliebten Menschen soll das Herz des Liebenden aussetzen lassen.
17. Eine neue Liebe verscheucht die alte.
18. Das Verdienst allein macht die Liebe für den Liebenden wert.
19. Nachlassende Liebe verblaßt schnell und kommt selten wieder zu Kräften.
20. Der Liebende ist immer bang.
21. Wahre Eifersucht steigert die Liebe.
22. Wird einem Liebenden gegenüber ein einziger Zweifel laut, nehmen Eifersucht und Verlangen zu.
23. Wer von seiner Leidenschaft verzehrt wird, ißt nicht und schläft nicht.
24. Was immer des Liebenden Werk, immer findet es seine Heimat in den Gedanken des geliebten Menschen.
25. Ein wahrhaftig Liebender billigt nichts, was dem geliebten Menschen mißfällt.
26. Der Liebende verweigert dem geliebten Menschen nichts.
27. Der wahre Liebende kann von den Wonnen, die der geliebte Mensch bietet, nie übersättigt werden.

28. Der kleinste Anflug von Verworfenheit auf Seiten des Liebenden treibt ihn dazu, vom geliebten Menschen das Schlimmste anzunehmen.
29. Wer allzu großen Luxus besitzt, liebt nicht gut.
30. Der wahrhaftig Liebende ist ständig in das Bild des geliebten Menschen versunken.
31. Es steht dem nichts entgegen, daß eine Frau von zwei Männern oder ein Mann von zwei unbescholtenen Frauen geliebt wird.

Die Aufzählung wirkt nicht vollständig oder gar tiefschürfend, doch wenn sie zum Ziel hatte, im Freiherrn des zwölften Jahrhunderts die Neigung zum Tugendhaften wachzurufen, kann man die Überzeugungskraft des Arguments und seine Stoßrichtung erkennen. Meine Beispiele, sowohl Texte als auch Meinungsäußerungen, stammen aus der bewundernswerten Monographie *Troubadours et Cours d'amour* von J. Lafitte Houssat.

Ich halte meine Auffassung von der alten Provence als einer Art Schmelztiegel, in dem sich das europäische Gemüt neu erfindet, nicht für übertrieben. Hier und nirgends sonst wurde das Verhältnis zwischen menschlicher und göttlicher Liebe herausgearbeitet und eingehend untersucht, so daß es sich später in Philosophie und Literatur weiterentwickeln konnte. Die Brutstätte humanistischer Werte lag in dieser fruchtbaren und beunruhigenden Landschaft, die es geschafft hat, so unterschiedliche Neigungen wie höfische Liebe und Alchemie zu kombinieren. Wurde je in einem so bescheidenen Rahmen eine solche Themenpalette abgehandelt? Während hoch in den Cevennen Hexenkunst und schwarze Magie florierten, praktizierte man in Vauvert die Kabbala, und die medizinische Wissenschaft machte Montpellier zum weltweit bekannten Zentrum der Heilkunst!

Demzufolge sind diese Angelegenheiten der Aufmerksamkeit des heutigen Reisenden wert, der sich der magnetischen Strahlung des Landes ausgesetzt sieht, durch das er reist: eine Patchwork-Decke in hundert Farben. Hier ist der richtige Ort, um wieder einmal seinen Ovid zu lesen und sein angenehm wollüstiges Verständnis von Sex – seine schonungslose Schalkhaftigkeit – mit dem späteren provenzalischen Standpunkt zu vergleichen, auf den die mystische Transzendenz der Danteschen Vision abgefärbt hatte. Die reine, dem Körperlichen entrückte Liebe Petrarcas für Laura war doch wohl von ganz anderem Kaliber?

Es war Petrarca, der als erster entschied, daß die Provence für den großen Dichter das Füllhorn der Liebe war. Nichts übertrifft an Zauber seine Schilderung Lauras – ihr sternenbesetztes Gewand, ihre Augen glänzend wie maßvolle Amethyste, ihr verblüfftes Schweigen, ehe ihr klar wird, daß die Affäre nicht weiter gehen darf. Er war es! Endlich! Sie brauchte seine Stimme nicht zu hören. Ein einziger Blick offenbarte die ganze Wirklichkeit der poetischen Liebe zwischen ihnen. Sie sehnte sich danach, von ihm wegzukommen, um ihre Gefühle zu ergründen; er dagegen war vor Wonne schwach – er mußte sich in Avignon gegen eine Mauer lehnen. Kein Wort wurde bei dieser folgenschweren Begegnung gesprochen.

Dafür hatte er ein Prinzip von großer Bedeutung für sein Glück (und ihres) entdeckt, daß nämlich der Tod nicht veräußerlich ist, es sei denn durch Dichtung, und daß Sprache in Wahrheit unzulänglich war, um Wahrheit zu subsumieren. Doch das existenzielle menschliche Leid, das sich offenbarte, wenn man zu dieser Erkenntnis gelangte, befähigte einen, Verzweiflung zu umgehen. Wie schön und wie relevant ist doch die Biographie Petrarcas in ihrer gewissenhaften Stimmigkeit! Die langen Reisen, um die Phantasie zu nähren und erfrischen, befruchtet von Bergen wie Ventoux und Aigoual, sowie die langen Phasen der Ausschweifung und des Entsetzens, denen er hilflos ausgesetzt war. Sie nahm all das hin, weil sie seine innere tantrische Bedeutung kannte. Die Natur war nichts als ein göttlicher Ulk. Sie gaben sich nur selten der körperlichen Liebe hin – aus Angst vor soviel Intensität –, aus Angst davor, einander in den Armen zu liegen!

Ich erinnere mich an eine Reise, die wir einst vor langer Zeit unternommen haben, auf der diese Fragen den Grundstock unserer Gespräche bildeten. Die Witterung schlug um, es war Herbst, und die Ernte war außergewöhnlich reich ausgefallen. Jemand – ich nehme an, es war Aldo – hatte vorgeschlagen, wir sollten uns zu Pferd aufmachen und von St-Rémy über die Kalksteinebene reiten, um die Alpilles herum und in nördlicher Richtung bis nach Fontaine-de-Vaucluse zu der Quelle, die Petrarca so lieb war. Es sollte eine Art peripatetischer Forschungsreise zur Aufdeckung der natürlichen Ursprünge provenzalischer Liebe sein. Wir hatten nämlich nicht vergessen, daß uns der Weg an jenem anderen traurigen Denkmal der Liebe – dem Tantrismus der linken Hand, könnte man sagen – in Lacoste vorbeiführen würde: dem verfallenen *château* des Marquis de Sade.

Alles verschwor sich, um das ganze Erlebnis so typisch kläglich zu machen wie eine Lesung der Werke de Sades, denn der Regen trat gewissermaßen über die Ufer und schäumte buchstäblich zwischen den Bäumen. Wir versuchten uns mit einem unzureichenden Cassoulet und einem Wein minderer Qualität zu trösten. Vielleicht ist meine eher bissige Haltung gegenüber dem Marquis zum Teil auf die unbefriedigende Kost zurückzuführen, aber die Geschichte von Lacoste ist, um die Wahrheit zu sagen, eine traurige Geschichte der Belagerungen, der Verfolgung und Schändung, der Galeeren ...

Gegensätze ziehen sich an, heißt es, und auf dieser Reise waren wir geneigt, de Sade und Petrarca in diesem Licht zu sehen. Aristoteles: Plato! Freud: Jung! Der ewige

Disput des Herzens mit sich selbst ... Neuerdings besteht die Tendenz, den ungalanten Marquis gewissermaßen zum Naturphilosophen aufzubauen, der für eine Art intellektueller Beurteilung der Welt seiner Epoche verantwortlich gewesen sein soll. Dabei war er ein eher seichter Wüstling und intellektueller Stutzer. Ein armseliger Stilist und ein erbärmlicher Dramatiker. Und ich sollte ihm vorwerfen, daß er es sowohl an Humor als auch an Humanität fehlen ließ. Interessant ist lediglich, daß Hugues de Sade, ein Verwandter des Wüstlings und Sohn eines Syndikus aus Avignon, Laure de Noves geheiratet hat, die Laura Petrarcas, und daß die maßgebliche Biographie des Dichters von einem anderen Angehörigen der Familie Sade stammt: ausgerechnet einem Abbé de Sade. Im Inventar der Bibliothek unseres Wüstlings stehen die drei Bände der Biographie »voisinent avec des productions libertines« (Seite an Seite mit pornographischen Werken).

Und die von Henri Fauville verfaßte Geschichte Lacostes weist die eine oder andere faszinierende Ironie auf. Zum Beispiel: »In den Augen de Sades war sexuelle Freizügigkeit ein Recht – ein Recht, das den niederen Ständen verwehrt war.« Dagegen gibt er sich manchmal als Befürworter einer traditionellen Moral, insbesondere dann, wenn er bei Übertretungen riskiert, Geld zu verlieren! Das veranschaulicht ein Zitat aus einem Brief an Gaufridy, in dem de Sade sagt: »Ich habe die kleine

Schlampe Madelon vor mir erscheinen lassen und ihr versichert, daß sie es war, die André den Tripper verpaßt hat, und daß ich sie, wenn sie nicht gleich etwas unternimmt, um für seine Behandlung zu zahlen, aus dem Dorf verstoßen lasse.«

Das verfallene *château*, dessen nackte Sparren in den Himmel ragen, ist ein trauriges Relikt; und natürlich tragen die obszönen und grausamen Assoziationen mit Kindesmord und Vergewaltigung unwillkürlich dazu bei, die eigenen Eindrücke zu akzentuieren. All dies bei widerwärtig schwachem Mondlicht vom Quietschen der Sättel begleitet, die der Regen schwer und klitschnaß gemacht hatte.

Doch am folgenden Tag hatte sich alles zum Besseren gewendet. Der Himmel klarte auf, die Sonne kam hervor, und mit ihr hob sich unsere Stimmung. Auch der romantische Charme unseres Ausflugs schien neu zu erblühen, als wir im Angesicht eines leuchtenden Sonnenuntergangs in Avignon einritten, um im kleinen Innenhof des *Hôtel d'Europe* vor Anker zu gehen, nachdem man uns versichert hatte, daß wir dort höchst willkommen seien. Hier wollten wir über Nacht Quartier beziehen, ehe wir nach Fontaine-de-Vaucluse weiterreisten, um Laura und ihrem Dichter unsere Achtung zu erweisen: vom Profanen zum Geheiligten! Vorerst jedoch fand Aldo inmitten der Geselligkeit des Abendessens Zeit, seinen bevorzugten Reiseführer Augustus Hare zu lesen und uns aufzufordern, sein Kapitel über Avignon zu bewundern, fürwahr eine gewissenhafte und exakte Arbeit.

»Kaum etwas ist vom antiken Avenio geblieben, außer einigen ins Mauerwerk eingebauten Steinen und ein paar Mosaiken im Museum. Die Überreste der päpstlichen Herrschaft sind dagegen beeindruckend. In Avignon wird der Reisende zunächst das Gefühl haben, im Süden zu sein: Die krenelierten Mauern und mit Gußerkern versehenen Türme erheben sich aus einer Landschaft, die mit Oliven bedeckt ist, wenn auch beladen mit weißem Staub und von einem bitteren Mistral durchweht. Dieser Wind, die Geißel des Landes, soll angeblich die Stadt gesund halten ... Männer, braunhäutig und sonnenverbrannt, spazieren mit über die Schultern geworfenen Jacken umher. Im Sommer schlafen zahlreiche Menschen auf den Straßen, der Behausung, die der ganzen Welt offensteht.«

Die Nacht wurde durch die gespenstische Silhouette der Zinnen überaus eindrucksvoll gemacht, und es brannte Licht im kleinen Grabschrein des Heiligen Bénézet auf der berühmten zertrümmerten Brücke, die ehedem die Provence mit den verborgenen, zerklüfteten, abweichlerischen Regionen der Languedoc verbinden sollte. Nur vier der zweiundzwanzig Pfeiler sind heute noch erhalten.

Am folgenden Nachmittag erreichten wir endlich die berühmte Quelle, den reichhaltigen Ursprung der Sorgue. Das Wasser sprudelt in unvorstellbarer Menge und Frische durch die grünen, aber verschwiegenen Täler und stürzt sich funkelnd und rauschend über eine steile Klippe aus Kalkstein in ein tiefes, dunkles Becken, von wo aus es sich in kleineren donnernden Sprüngen in ein üppiges Kalksteintal ergießt. Die Luft ist angereichert mit Wasser. Die Felsen werden von einer Ruine mit Namen Château de Pétrarque gekrönt. Dabei war es eine Villa im Tal, in die sich der Dichter 1337 zurückzog, nachdem ihn als Kind bei einem Besuch im Jahre 1313 die Atmosphäre des Ortes tief beeindruckt hatte. Hier wurden, wie er sagt, alle seine Werke ausgeführt, begonnen oder ersonnen. Er hätte den Ort nie verlassen, erzählt er weiter, wenn er nicht durch einen seltsamen Zufall am selben Tag zwei Briefe erhalten hätte: einen, der ihn nach Rom rief und vom Senat unterzeichnet war, und einen aus Paris vom Kanzler: Man forderte ihn auf, dorthin zu kommen und die Dichterkrone, den Lorbeerkranz des höchsten Laureaten in Empfang zu nehmen. Die Auszeichnung wurde ihm für seine Versdichtung *Africa* über die punischen Kriege verliehen. Er entschied sich für Rom und wurde im April 1341 auf dem Kapitol gekrönt.

Es wäre übertriebene Einbildung, hier Spuren des Bildes der abwesenden Laura beschwören zu wollen, aber der Ort strömt wahrhaftig den Geist von Frieden und Konzentration aus. Das dunkle Wasser macht seine eigene charakteristische Musik, die Luft ist vom Gesang der Nachtigallen erfüllt und auf den schattigen Lichtungen über dem Becken standen Rosen in voller Blüte. Im Schatten einer Weide tranken wir auf eine unsichtbare Präsenz; aber niemand ergriff das Wort, und es geschah in tiefem Schweigen, daß wir kehrt machten und davonritten.